타고난 리더는 아니지만

.

타고난
리더는
아니지만

조직의 성장과 구성원의 행복을 위한 공감의 리더십

박정민 지음

한티재

프롤로그

"리더십은 배울 수 있나요?"
"네, 리더십은 배울 수 있습니다."
AI가 이렇게 대답한다.

이십여 년 전, 내가 처음 팀장이 되었을 때에도 같은 질문을 던졌다. 그리고 대형 서점으로 달려가 리더십 책 열 권을 샀다. 직장인이라면 누구나 꿈꾸는 순간이었다. 하지만 막상 그 자리에서 보니 '이제 나는 어떤 리더가 되어야 하지?'라는 질문이 머릿속을 떠나지 않았다. 자신감은 들쑥날쑥했고, 어쩌다 내 실력이 들통나면 어쩌나 하는 불안이 더 컸다. 책 속에는 좋은 말들이 가득했다. 소통하라, 권한을 위임하라, 성과를 관리하라… 모두 옳은 말이었다.

하지만 나는 여전히 궁금했다. '그래서 그걸 현실에서 어떻게

해야 하는데?'

그때는 몰랐다. 리더십은 책이 아니라 현장에서 배우는 언어라는 걸. 성과와 관계, 책임과 불안, 자율과 통제 사이에서 매일 부딪히며 익히는 일이라는 걸. 팀장의 자리는 지식을 적용하는 자리가 아니라, 사람을 통해 배우는 자리라는 것을.

〈뭉쳐야 찬다〉라는 예능 프로그램이 있다. 각기 다른 종목에서 국가대표로 활약했던 선수들이 모여, 조기축구에 도전한다. 각자의 종목에서는 최고였지만, 축구는 전혀 다른 판이다. 축구공을 처음 차던 날 그들의 표정을 보며, 나는 리더가 되는 일도 이와 비슷하다고 생각했다. 구성원 시절에는 누구보다 뛰어났을지라도, 리더십이라는 판에 들어서면 전혀 다른 종목이 시작된다. 하지만 걱정할 필요는 없다. 태권도 국가대표였던 이대훈 선수가 축구 선수로 거듭나듯, 유능한 리더도 공부하고 훈련하면 만들어질 수 있다. 실무자로서 인정받고 팀장이 되었다면 기본적인 자질은 이미 검증된 것이다. 이제는 그 자질 위에 리더로서의 기술을 새롭게 익히고 갈고 닦으면 된다.

리더십은 단기간에 완성되지 않는다. 수많은 시행착오와 인내의 시간이 필요하다. 누구나 원한다면 리더가 될 수 있지만, 진짜 리더가 되기 위해서는 꾸준히 배우고 자신을 단련해야 한다. 리더십은 하루아침에 만들어지는 능력이 아니라, 평생을 두고 다듬어 가는 기술이기 때문이다.

팀장의 세계는 늘 균형의 싸움이다. 자율을 주면 방임이 되고, 개입하면 간섭이 된다. 결정을 미루면 우유부단하다고 하고, 밀어붙이면 독선이라 한다. 리더십은 결국 '얼마나, 언제, 어떻게 개입할 것인가'의 예술이다. 그래서 리더십은 '과학'보다 '아트'에 가깝다.

리더십은 수학의 함수처럼 이해할 수 있다.

리더십 = f (리더, 구성원, 상황)

리더십은 이 세 가지 변수의 조합에 따라 유기적으로 달라지는 함수다. 리더의 성향이 같아도 구성원이 다르면 결과는 달라지고, 같은 구성원이라도 상황이 바뀌면 전혀 다른 리더십이 필요하다. 따라서 리더십은 정답이 아니라 해석이며, 고정된 공식을 외우는 일이 아니라 변수를 읽는 감각이다.

회사마다 한 명쯤은 있다. 다들 그를 '김 대리'라고 부른다. 직책은 팀장이지만, 워낙 세세하게 지시를 내려서 붙은 별명이다. 일의 순서를 화이트보드에 그리고, To-do 리스트를 조목조목 정리하며, 중간 점검을 수시로 한다. 보고서의 오탈자까지 직접 고친다. 팀원 입장에서는 스스로 일할 기회도 없고 성취감도 사라진다. 결국 "어차피 팀장님이 다 다시 하실 텐데요"라는 말이 나온다.

반대로, 결정을 피하는 리더도 있다. 작은 사안도 혼자 판단하지 못해 회의를 소집한다. 처음엔 모든 결정을 팀과 함께 하려는 태도에 팀원들이 감동하지만, 곧 피로가 쌓인다. 사소한 보고 하나에도 모두가 소집되고, 정작 결정은 미뤄진다.

이 두 사람의 리더십이 틀린 것은 아니다. '김 대리 팀장'의 꼼꼼함은 어떤 상황에서는 장점이고, '회의파 팀장'의 협의 중심 리더십도 다른 맥락에선 필요하다. 문제는 그 방식이 지금의 팀, 현재의 업무, 그리고 구성원의 수준에 맞는가이다. 리더십은 스타일의 문제가 아니라, 상황을 읽고 번역하는 감각의 문제다.

내가 CEO를 맡았던 두 회사만 봐도 그랬다.

첫 번째 회사는 BPO, 즉 Business Process Outsourcing 회사였다. 다른 기업들의 IT 운영과 개발을 외주로 맡아 수행하는 구조였다. 싸고 빠른 자원이 곧 경쟁력이었고, 개인의 성과보다 팀 전체의 시너지가 더 중요했다.

나는 이 회사에서 매월 '추천 기반 포상 제도'를 운영했다. 구성원들이 서로를 추천하고, 다수의 인원이 함께 포상받았다. 일인당 포상금은 크지 않았지만, 모두가 축하하고 박수 치는 사내 파티 같은 문화가 만들어졌다. 성과보다는 '우리'라는 감각, '팀'의 정체감을 강화하는 것이 목적이었다.

두 번째 회사는 기능형 구조의 커머스 조직이었다.

방송 하나를 완성하기 위해 MD, PD, 쇼호스트, 카메라, 조명

등 여러 팀의 협업이 필요했다. 각자는 유능했지만, 부서 간 벽이 높았다. 아무리 좋은 상품을 준비해도 방송이 도와주지 않으면 성과가 나오지 않았고, 방송을 아무리 열정적으로 제작해도 상품이 약하면 결과는 같았다. "열심히 하면 나만 손해야"라는 인식이 퍼지며 의욕이 사라졌다.

그곳에서는 전혀 다른 리더십이 필요했다. 나는 매월 포상 기준을 사전에 명확히 공지하고, 철저한 기준에 따라 그 달 제작된 수백 개 방송 상품 중 극소수만 포상 대상이 되도록 설계했다. 대신 포상금은 일인당 최대 500만 원까지 높였다. 쉽게 받을 수 있는 포상이 아니라, '탁월한 성과'를 만들어 낸 팀에게만 주어지는 보상이었다. 메시지는 분명했다. "성과에는 반드시 보상이 따른다." 이 제도는 조직 전체에 건강한 긴장감을 불어넣었고, 무기력하던 분위기를 단숨에 깨뜨렸다.

이처럼 리더십은 정해진 공식이 아니라 맥락의 해석이다. 구성원이 누구인지, 조직 구조가 어떻게 생겼는지, 어떤 문화 안에서 일하고 있는지를 파악하고, 거기에 맞는 방식으로 설계하고 조율해야 한다. 같은 포상 제도도 어떤 조직에서는 '소속감'을, 다른 조직에서는 '성과'를 이끄는 동력이 된다.

리더가 해야 할 일은 하나의 정답을 모든 상황에 적용하는 것이 아니라, 그 조직, 그 팀, 그 순간에 가장 적합한 해석을 찾는 것이다. 그리고 그 해석을 실행에 옮길 수 있는 구조와 행동으로 연결하는 것, 그것이 바로 실천적 리더십이다. 결국 리더십은, 상황을 읽고 사람을 이해하는 감각에서 시작된다.

이 책은 그런 리더십의 여정에 대한 이야기다. 완벽한 리더의 지침서가 아니라, 시행착오 속에서 길어 올린 리더십의 현장 노트다. 리더십은 단번에 완성되지 않는다. '리더가 되는 일'에서 시작해, '팀을 움직이고', '팀을 성장시키는 일'로 이어지는 세 단계의 배움이 필요하다.

1. 리더가 되다

리더가 된다는 건 '일 잘하는 사람'에서 '사람을 일 잘하게 하는 사람'으로 바뀌는 일이다. 처음 팀장을 맡았을 때 나는 그 차이를 몰랐다. 더 열심히, 더 완벽하게 하면 된다고 믿었다. 하지만 시간이 지날수록 깨달았다. 진짜 리더십은 '무엇을 하느냐'보다 '어떻게 존재하느냐'의 문제라는 걸. 선입견을 내려놓고, 판단을 늦추고, 진심으로 들을 줄 알아야 한다. 화를 낼 줄도 알아야 하지만, 그 화가 신뢰를 해치지 않게 다스릴 줄도 알아야 한다. 팀원과의 관계 속에서 매일 자신을 돌아보며 배운다. 어느 순간, '진심이 리더의 신뢰를 만든다'는 말을 이해하게 되었다. 리더의 말은 조직의 기준이 되고, 그 기준이 흔들리면 신뢰는 쉽게 무너진다. 정직하고 솔직해야 한다. 모른다면 모른다고, 실수했다면 실수했다고 말할 수 있어야 한다. 리더가 믿음을 줄 때 구성원은 스스로 책임을 지기 시작한다. 그리고 팀이 나 없이도 스스로 움직일 때, 비로소 진짜 리더가 된다는 사실을 실감하게 된다.

2. 팀을 움직이다

리더가 혼자서 할 수 있는 일은 없다. 성과는 언제나 사람을 통해 나오고, 신뢰는 소통을 통해 쌓인다. 나는 한동안 '팀을 움직인다'는 말을 오해했다. 지시하면 따르는 것, 계획을 세우면 실행되는 것이라 믿었다. 하지만 현실은 달랐다. 진짜 팀워크는 '함께 만든 결정'에서 나왔다. 구성원을 의사결정 과정에 포함시킬 때 그들의 책임감은 달라졌다. 리더의 일은 방향을 말해 주는 것이 아니라, 방향을 함께 찾도록 돕는 일이다. 숫자로 리드하되 감정으로 이해하고, 때로는 불편한 피드백도 피하지 않아야 한다. 권한을 위임하고 판단을 믿어 줄 때 팀은 살아 움직인다. 그리고 어느 날 문득 깨닫는다. 팀을 움직인다는 건 사람의 마음을 움직이는 일이라는 것을.

3. 팀을 성장시키다 : 자기 인식과 전략적 통찰

리더십의 마지막 단계는 자기 인식이다. 나는 종종 스스로에게 묻는다. "나는 어떤 리더인가? 우리가 이 일을 하는 이유는 무엇인가?" 이 질문에 대한 답을 찾지 못하면, 전략은 흔들리고 팀은 방향을 잃는다. 리더로서 나의 통찰은 숫자가 아니라 '의미'를 읽는 눈에서 비롯된다. 미래를 예측하고, 구성원을 변화의 주인공으로 세우며, 나 자신이 시스템 속의 변수임을 인정할 때 조직은 성장한다. 나는 점점 전면에서 물러나고, 팀은 스스로 굴러가기 시작한다. 결국 리더십의 완성은 '없어도 존재하는 힘'이다.

리더십은 타고나는 능력이 아니다. 매일의 대화와 판단 속에서 길러지는, 살아 있는 기술이다. 이 책이 당신이 그 기술을 연마하고 당신만의 리더십을 완성해 가는 여정에 작은 동반자가 되기를 바란다.

차례

프롤로그 5

1부 리더가 되다

내 리더십의 터닝포인트 21 | 선입견을 갖지 않으려면 27 | 리더십은 역할이 아니라 태도다 32 | "줬으면 그만이지" 36 | 소통의 대가 39 | 역지사지, 적극적 경청 44 | Do Not Judge 48 | 지식의 저주 53 | 모르는 것은 모른다고 말하라 57 | 어떻게 화낼 것인가 61 | 우리 팀장님 별명은 '김 대리' 66 | 어항 속 물고기처럼 행동하라 70 | 회사 생활은 약속과 이행의 연속이다 76 | 이기는 리더는 다르다 81 | 있으나 마나 한 리더가 최고다 87 | 가장 나쁜 결정은 결정하지 않는 것이다 92 | 내 별명은 울보다 98 | 정직이 최선의 정책 102 | 제발 결론부터 말해 줘! 106

2부 팀을 움직이다

구성원을 의사결정 과정에 포함시켜라 113 | 네거티브 피드백 116 | 잘못된 칭찬은 고래를 집착하게 만든다 121 | 질문하라, 그것만으로도 충분하다 127 | 인센티브 시스템을 설계하라 132 조직 내 갈등, 개인 아닌 시스템이 원인 138 | 숫자로 리드하라 143 | 의도를 제대로 전달하기 147 | 회의 끝내주게 잘하는 방법 152 | 침묵이 찬성을 의미하지는 않는다 157 | 권한 위임의 힘 162 | "사장님께서 지금 찾으십니다" 170 | 아우토반을 달리다 174 | 대퇴사의 시대를 준비하라 178 | 스승은 유튜브, 동료는 AI 182 | 코칭으로 리드하라 186 | 보이지 않는 깃발을 든 사람 191 | AI 시대의 솔선수범 196

3부 팀을 성장시키다 : 자기 인식과 전략적 통찰

골프도 인생도, 목표를 높게! 203 | 매사에 감사한 마음 207 | 우리는 왜 일하는가 212 | CEO의 역할 218 | BPO에서 WaaS로 224 | 100년 달력 231 | 구성원들을 변화의 주인공으로 초대하다 235 | 자율주행 너머의 철학 242 | 헤라클레스의 기둥을 가다 247 | 메피스토를 조직에 들여놓는 리더 251 | 미래 예측 255 | 뒤샹의 샘에서 혁신을 배우다 261 | 맥락적 공정성을 고려하라 265 | 벽을 허무는 리더의 대화법 270 | 몰입 상승의 함정을 경계하라 276 | 리더, 당신도 코칭이 필요합니다 284 | 매년 헤드헌터와 통화하라 289 | 나력 295

에필로그 _ 마지막 홀의 '나이스샷'처럼 300

현장 노트

권현정	SK플래닛 본부장	65
김교수	SK플래닛 사업총괄	101
김수경	SK엠앤서비스 본부장	292
김웅	레페토AI 대표	96
김종원	원스토어 주식회사 팀장	85
노가군	SK플래닛 팀장	25
류재영	쇼호스트	239
류형규	리얼월드 CPO	125
박은철	SK엠앤서비스 팀장	223
서은선	CJ ENM 팀장	150
유지연	SK엠앤서비스 담당	30, 136
윤철진	원스토어 주식회사 CPO	274
윤화진	SK스토아 본부장	131
이석준	FOCUS AI 상무	91
이석호	호잇커뮤니케이션 대표	268
이승수	SK엠앤서비스 본부장	298
최수빈	미국 최대 유통기업 시니어PM	168
최우석	SK스토아 본부장	51
최윤난	SK플래닛 팀장	206
하재영	CJ대한통운 상무	43
허재훈	SK mySUNi 부사장	74
익명 1		259
익명 2		281

1부
리더가 되다

내 리더십의
터닝포인트

국내 1위 통신사가 분사를 결정했다. 2011년 당시 통신사의 주 수익 모델인 음성통화의 비즈니스 수익이 정체되어 가고, 하락 위기를 우려하는 목소리까지 나오던 시점이었다. 회사는 통신 서비스와 플랫폼 서비스를 분리하여, 혁신이 필요한 플랫폼 기반의 새로운 사업 모델을 통해 중장기적인 성장을 추구하겠다는 취지로 분사를 추진했다. 1위 사업자의 공격적인 움직임에 타 통신 기업들은 긴장했고, 우리 회사의 새로운 사업 모델이 성공하느냐가 업계의 관심사 중 하나가 되었다.

하지만 회사의 취지가 어떠하든, 청춘을 바쳐 '국내 최고 기업'에 어렵사리 입사한 구성원들에게 자신의 소속이 일순간 비상장기업으로 바뀌는 것은 여러모로 간단한 문제가 아니었다. 은

행 대출에 필요한 개인 신용도가 떨어지는 것은 너무 당연했고, 심지어 미혼 구성원들은 결혼정보회사에서 등급이 두 단계나 떨어진다는 소문까지 돌았다.

당시 팀장이었던 내게도 지시가 내려왔다. 전 구성원들에게서 전적(轉籍) 동의서를 받으라는 지시. 노조를 중심으로 구성원들이 단체 활동을 하며 전적 동의서 제출을 거부하기 시작했다. 일부 팀장들은 회사의 지시를 완수하기 위해 주말에 팀원들 집 앞까지 찾아가서 동의를 압박했고, 노조는 이를 비판하며 서로 감정의 골이 깊어 갔다.

2주의 시한. '국내 1위 통신사'라는 최고의 기업에서 비상장 기업으로 소속이 바뀌는 건 누구에게나 달갑지 않은 변화. 그래서 나는 차마 동의서 작성을 강요하지 못하고 한 주를 그냥 보냈다. 당시 부문장은 팀장들을 불러 '전적 동의 확보' 실적을 챙기며 압박했다. 두 주째의 마지막 날. 어쩔 수 없이 면담이라도 해야 했다. 15명의 구성원들. 첫 번째 팀원이 회의실로 들어왔다. 아무 말도 못 하고 테이블만 내려다보는 내게 그녀가 먼저 물었다.

"팀장님은 따라가시나요?"

"당연하지. 내가 없으면 티스토어팀을 누가 맡겠어. 티스토어는 내 셋째 딸이잖아."(나는 두 딸의 아빠다.)

"그럼 저도 갑니다요. 근데 어떻게 2주 동안 한 번을 안 부르십니까? 답답해 죽는 줄 알았어요."

신입 사원 때부터 같이 일해 온 그녀의 이야기에 내 눈가에 눈물이 맺혔다. '전형적인 T'인 그녀는 내 눈물이 맺힌 걸 봤는지 못 봤는지 모르겠지만, 시크하게 "파이팅!" 하고 속삭이며 회의실을 나섰다. 이렇게 첫 면담에서 전적 동의서를 자발적으로 받았다.

두 번째 구성원은 들어오자마자 "팀장님 같이 가신다면서요. 동의서 주세요. 사인하게." … 그렇게 한 시간도 채 되지 않아 15명의 팀원이 모두 전적 동의서에 서명했다.

팀원들의 절대적 지지는 감동을 주었지만, 그때 내 인생 최대의 고민이 시작되었다. 내 팀원들의 인생을 어떻게 책임져야 할까? 기업은 무엇을 위해 존재하는가? 팀원들과 그들의 가족이 행복하게 사회생활을 영위할 수 있도록 지켜 주고 싶었다. 나에게 이 사건은 기업 경영의 본질을 깨닫는 계기가 되었다.

그때까지 나는 상품 개발자로서 "내 서비스가 세계 시장을 압도하게 만들겠다"는 것만을 목표로 삼아 왔다. 게다가 "티스토어는 나의 세 번째 딸이다"라며 우리 회사의 서비스 상품에 애정을 과시하기도 했다. 그리고 구성원 모두는 우리 서비스 상품을 '내 조카'처럼 여기는 마음으로 보살피고 함께 발전시켜 왔다. 덕분에 서비스를 출시한 지 1년 3개월 만에 누적 다운로드 1억 건을 돌파하며 서비스 플랫폼으로서의 도약을 위한 안정적 토대를 구축했다. 나는 구성원들과 밤낮없이 분골쇄신하며 서비스를 키워 나가는 데만 몰두했다.

하지만 이 일을 겪으며 처음으로 기업과 리더의 책임에 대해 깨닫게 되었다. 경영의 궁극적인 목적은 '우리 모두가 행복해지기 위한 것'이며, 이를 위해 '리더와 구성원들은 최선을 다해 기업이 성장할 수 있도록 해야 한다'는 교훈을 얻을 수 있었다.

회사 경영 시스템(SKMS, SK Management System)에서는 "기업은 안정과 성장을 지속적으로 이루어 영구히 존속·발전하여야 하며, 이해 관계자(구성원, 고객, 주주)의 행복을 추구한다"고 밝히고 있다. 십여 년을 다니던 회사에서 달달 외워 승진 시험까지 봤던 문구였지만, 그제야 비로소 그 의미를 납득하게 된 것이다.

SK그룹 최태원 회장은 2019년 SK그룹 경영의 핵심 화두로 "경영의 궁극적 목적은 구성원의 행복"임을 선언했다. 이후 "구성원과 직접 소통하며 우리와 이해 관계자들의 행복이 더 커질 수 있는 방안을 논의하는 행복 토크를 연내 100회 열겠다"고 약속했다. 그 약속대로, 일 년 동안 최태원 회장은 100회의 행복 토크를 이어 갔고, 완주했다. 그 과정을 지켜보며, 구성원을 행복하게 하는 것이 리더십의 본체이며, 구성원들이 생각하는 '행복'과 그것을 이루는 방법은 끊임없는 소통을 통해 도출해야 함을 확인했다.

구성원의 행복 추구! 회사에는 다양한 경영 목적과 미션이 있다고 생각하지만, 기업을 경영하는 데 있어서 "구성원들의 행복을 가장 우선시한다"는 것이 내 리더십의 길잡이가 되었다.

그날 회의실에서 마주한 눈빛들, 2주 동안 기다렸다는 그 한마디, 그리고 조용히 건넨 "파이팅". 그 짧은 순간들이 나를 흔들었고, 그 안에 내가 붙잡아야 할 답이 다 들어 있었다. 나는 다짐했다. 성과를 향해 휘몰아칠 때도 사람을 향한 진심만은 변치 않겠다고. 누군가는 당신을 보고 따라간다. 말없이 기다리다 조용히 건네는 "파이팅" 하나에 인생을 걸기도 한다. 리더십은 그렇게 시작된다. 그리고 당신도, 그 시작이 될 수 있다.

현장 노트

리더의 자신감

노가군 팀장 (SK플래닛)

2011년 상반기, 회사는 혼란의 도가니였다. 창사 이래 첫 대규모 분사를 준비하고 있었고, 구성원들은 크게 동요했다. 윗선의 정치 싸움 때문이라는 둥, 내정된 사장조차 나가기를 거부했다는 둥, 노조위원장이 짜고 치는 자살 쇼를 했다는 둥, 회사와 노조 양측 모두에 대한 불신이 극에 달했다. 그 와중에 회사는 임원과 팀장들에게 특정일까지 분사 동의서를 받아 오라고 독촉하고 있었다. 일정 수준의 동의율을 맞추라고 했다는 이야기도 들렸다.

박정민 팀장님이 마지막 날 나를 회의실로 부르셨다. 나 또한 분사에 대한 확신이 없었다. 팀장님이 물었다.

"너는 이 회사가 앞으로 어떨 거라고 생각하니?"

나는 잘 모르겠다고 했다. 내심은 부정적인 입장에 좀 더 가까웠다.

"나는 잘될 것 같은데? 다른 사업들은 모르겠지만 적어도 티스토어는 충분히 잘 살 수 있을 것 같다. 내가 설마 너희 정도도 책임지지 못하겠니?"

당시 리더들도 흡연장이나 술자리에서는 확신하지 못하고 고민하는 모습이었다. 회사가 나가라고 하니 어쩔 수 없지 않냐는 분위기였다. 그때 팀장님이 들려준 자신감 있는 말씀이 마음에 와닿았다. 객관적인 근거는 여전히 없지만 왠지 설득력 있게 들렸고, 결국 나는 분사 동의서에 서명했다.

그때 팀장님이 정말 진심이었는지, 나를 설득하기 위한 말씀이었는지는 알 수 없다. 어쩌면 객관적인 근거가 애당초 나올 수 없는 불확실성 속에서 누군가 할 수 있다는 자신감을 나에게 보여 주길 바랐는지도 모르겠다.

생사의 기로에서 주저하는 리더를 따를 구성원은 없다. 스스로의 길에 대한 깊은 고민과 거기에서 나오는 강력한 자기 확신, 그로 말미암은 자신감이야말로 리더십의 근간일 것이다. 거기에 '신뢰의 리더십'과 '솔직한 소통'이 더해지면서, 리더를 신뢰하고 조직에 충성하는 그만의 조직 문화를 만들 수 있었다고 생각한다.

선입견을
갖지 않으려면

―――――――

"사람 볼 줄 모른다"는 말을 자주 듣는다. 정확히 말하면, 사람을 너무 좋게만 본다는 얘기다.

나는 자신을 스스로 늘 부족하다고 느끼며, 누구한테서라도 배울 수 있다고 생각한다. 사람을 판단할 때에는 선입견을 갖지 않고 그 순간 행동의 선의만 보려고 노력하는 편이다.

팀장 시절이었다. A 매니저가 우리 팀으로 전입하고 싶다고 했다. 모바일 마케팅을 하던 친구라서, 마침 우리 팀에 필요한 역량을 지닌 사람이었다. 우리 팀 구성원 중 누군가가 와서 A에 대한 주변 평가를 늘어놓았다.

"일은 곧잘 하는데, 근태에 문제가 있대요. 그래서 해당 팀장이랑 갈등이 있어서 적극적으로 A 매니저를 우리 팀으로 넘기려고 하는 거래요."

나는 고개를 저으며 말했다.

"나는 안 들을래. 우리 팀에 필요한 모바일 마케팅 전문가라며? 그럼 됐어."

새롭게 팀장이 되면 가장 먼저 하는 일이 팀원을 영입하는 것(Manning, 매닝)이다. 필요한 역할 기능을 정하고 그 기능에 맞는 인물을 영입해야 한다. 후보자들 중에 누구를 선정할지 판단하는 것까지가 매닝이다. 이때 같이 일할 동료에 대해 수소문해서 얘기를 듣고 전하는 경우가 비일비재하다. 하지만 리더는 사람을 이해하고 됨됨이를 판단할 때, 남들한테서 전해 들은 소문만으로 판단하거나 선입견을 가져서는 안 된다.

요즘은 특히 비실명으로 온라인에 떠도는 얘기가 많다. '블라인드'라는 직장인 익명 앱 이야기다. 누군가 직접 전해 주는 소문도 믿기 힘든데, 익명 뒤에 숨어서 쏟아 내는 혐오나 비난은 쓰레기와 다름없다. 기업 내부의 조직은 내부 경쟁과 갈등이 필연적이다. 마치 정치판과 흡사하다. 누군가를 끌어내려야 다른 누군가가 올라가는 구조다. 사람에 대한 확인되지 않은 나쁜 소문이 많을 수밖에 없다는 사실을 늘 경계해야 한다. 그래서 나는 내가 직접 겪지 않은 것은 믿지 않으려 하는 편이다.

일은 곧잘 하는데 근태에 문제가 있다는 A 매니저를 영입해서 같이 일해 보니, 업무 능력이 탁월했다. 다만 A 매니저는 부서 이동을 결정하기 전 내게 한 가지 양해를 구했다. 남편과 요일을 분담해서, 본인은 화요일과 목요일에 아이를 유치원 버스에 태워주고 출근해야 하는데, 그러고 나면 아무리 서둘러도 출근 시간인 9시보다 10분 늦을 수밖에 없다고. 나는 정해져 있는 9시 팀 미팅은 매주 금요일이니 문제없다고 했다. A 매니저는 다른 요일은 다른 사람들보다 더 일찍 나와서 업무를 시작했다. 근태에 문제가 있다는 소문은 역시 헛소문이었다.

한 구성원 B에 대한 2년치 평가서를 읽은 적이 있다.

"매사에 깊이 생각하고 신중하다."

"좌고우면하고 의사결정을 하지 않는다."

같은 사람에 대한 평가라고는 믿기지 않는다. 왜 이렇게 평가 내용이 다를까? 달라진 것이라고는 업무를 평가한 팀장뿐이다.

도덕적으로 나쁜 것(ethical issue)을 제외하고는, 사람의 행동에 대한 긍정과 부정은 너무나도 주관적인 영역이어서 판단하기가 매우 어렵다. B의 예처럼, 누군가에게는 신중하고 생각이 깊은 사람이지만 누군가에게는 좌고우면하고 의사결정 못 하는 사람일 수도 있는 것이다. 사람에 대한 가치 판단은 섣불리 할 수 없는 것이며, 함부로 해서도 안 된다. 그래서 나는 내가 직접 경험하지 않은 것은 믿지 않으려 한다.

소문은 대개 사람들의 실패나 실수를 먹고 자란다. 누구나 실수할 수도 있고 실패할 수도 있다. 한 번의 실수나 실패 경험으로 한 사람을 재단해서는 안 된다. 오히려 사람들은 실패나 실수를 극복하며 성장한다. 그런데 단지 소문만 듣고 한 사람에게 어떤 낙인을 찍는다면, 한 번 더 일어설 기회마저 그에게서 박탈하는 것과 다름없다.

조직의 리더로 새롭게 부임하면 리더도 새로운 마음을 가져야 하겠지만, 새 리더를 만나는 구성원 역시 새로운 마음으로 새 출발을 할 수 있는 기회를 갖도록 해 주자.

현장 노트

사람, 역지사지, 측은지심

유지연 담당 (SK엠앤서비스)

"나는 어떤 사람이냐?"

본부장이셨던 시절, 오랜만의 회식 자리가 파해 가던 참에 갑자기 그렇게 물으셨죠. 순간, 머릿속이 하얘졌습니다. 아부처럼 들릴, 뻔한 말들을 피해 가려다, 문득 떠오른 세 단어를 말씀드렸습니다. "사람, 역지사지, 측은지심."

본부장님은 아무 말 없이 씩 웃으시고 더 묻지 않으셨죠. 돌이켜 보면 그 웃음 속에 모든 답이 있었던 것 같습니다. 대표님께서 내리신 모든 결정의 중심에는 언제나 '사람'이 있었습니다. 사람을 챙기는 리더는 많지만, 대표님의 방식은 조금 달랐습니다. 잘나갈 때는 찾지 않던 후배가 형편이 어려워 찾아오면 두말없이 도와주시고, 뒤에서 험담을 하는 이가 있다 해도 "그 말 전한 놈이 소인배야" 하며 웃어넘기셨죠. 업무 실수를 한 후배에게는 "일하다 보면 실수할 수 있다. 다만, 같은 실수는 두 번 하지 마라" 하시며 담담히 넘기셨습니다. 그때는 그 여유가 낯설었는데, 이제야 알게 되었습니다. 그것이 진짜 리더의 품이라는 것을.

대표님과 함께한 시간 동안 저는 '사람을 대한다는 것'의 의미를 새로 배웠습니다. 이 책을 읽는 모든 리더들이 저처럼 사람을 대하는 일에 새로운 시각을 찾을 수 있길 바랍니다. 그리고 언젠가, 제가 자신 있게 여쭤볼 수 있도록 더 노력하겠습니다.

"대표님, 저는 어떤 사람입니까?"

리더십은 역할이 아니라 태도다

빔 벤더스 감독의 영화 〈퍼펙트 데이즈〉는 도쿄의 공공화장실을 청소하는 한 남자의 조용한 일상을 그린다. 주인공 히라야마는 매일 같은 공간을 닦고, 같은 루틴을 반복한다. 누군가는 그의 일을 단순한 노동으로, 혹은 어쩔 수 없이 해야 하는 고된 생업으로 볼 수도 있다. 하지만 그는 자신의 일을 단순한 '호구지책'으로 여기지 않는다. 그의 손길 하나하나에는 진심이 담겨 있고, 그는 이 일이 세상을 조금 더 나아지게 한다고 믿는다.

일을 대하는 태도는 삶의 질을 결정한다. 어떤 일이든 억지로 하면 피로하고 스스로를 희생하는 기분이 든다. 하지만 마음을 열고 받아들이면 같은 일도 전혀 다른 의미를 갖는다.

어느 책에서 읽은 '세 벽돌공 이야기'가 떠올랐다.

어느 여름날 세 벽돌공이 땀을 뻘뻘 흘리며 벽돌을 쌓고 있었다. 지나가던 행인이 첫 번째 벽돌공에게 물었다. "지금 무엇을 하고 있나요?" 그는 짜증난 얼굴로 대답했다. "보면 모르나? 벽돌을 쌓고 있소."

두 번째 벽돌공은 조금 다른 태도를 보였다. 행인이 같은 질문을 던지자 그는 무덤덤한 표정으로 답했다. "몰라서 묻소? 돈을 벌고 있소."

그런데 세 번째 벽돌공은 사뭇 달랐다. 똑같이 무더위 속에서 일하고 있었지만, 그는 밝은 표정이었다. 행인이 물었다. "당신은 지금 무엇을 하고 있나요?" 그러자 그는 환한 얼굴로 말했다. "나는 지금 아름다운 성당을 짓고 있는 중이오."

같은 일을 하면서도, 어떤 사람은 그저 벽돌을 쌓고 있고, 어떤 사람은 돈을 벌기 위해 일한다. 하지만 어떤 사람은 그 일을 통해 더 큰 가치를 만들어 간다고 믿는다. 히라야마는 세 번째 벽돌공과 같은 사람이다. 그의 일은 남들이 보기엔 단순한 화장실 청소였지만, 그에게는 단순한 노동이 아니었다. 그것은 공간을 돌보고 타인을 배려하는 일이었다.

히라야마는 자신의 일에 즐거움을 느낀다. 단순히 기쁘고 신나는 감정이 아니라, 자신이 하는 일이 의미 있다는 깊은 만족감이다. 아침에 자판기에서 캔 커피를 뽑아 들고, 하늘을 올려다보는 작은 순간에도 그는 삶을 음미한다. 차 안에서는 루 리드의

〈퍼펙트 데이〉가 흐른다. 같은 길을 달리고 같은 공간을 청소하는 하루의 반복 속에서도 그는 완벽한 하루를 만들어 가고 있다.

우리는 흔히 "좋아하는 일을 찾으라"는 말을 듣는다. 하지만 좋아하는 일을 하는 것보다 더 중요한 것은 지금 하는 일에서 의미를 찾는 능력이다. 일이 단순한 생계를 위한 수단이 되면, 하루는 그저 버텨야 하는 시간이 된다. 하지만 그 일이 자신과 타인에게 가치를 줄 수 있다고 믿는 순간, 우리는 일을 통해 보람을 얻고 성장할 수 있다.

히라야마는 스스로의 삶을 주도한다. 억지로 해야 하는 일이 아니라, 스스로 선택한 삶을 살고 있기 때문이다. 청소를 마친 후 공원의 벤치에서 도시락을 펼치고 나뭇잎 사이로 스며드는 햇빛을 바라보는 순간, 그는 자신이 만든 하루를 온전히 즐긴다.

리더십은 역할이 아니라 태도다. 반드시 높은 지위에 있어야만 리더가 되는 것이 아니다. 진정한 리더십은 자신이 맡은 일을 어떻게 바라보느냐, 그리고 어떤 마음으로 하루를 살아가느냐에서 나온다. 그리고 이런 태도를 가진 사람은 다른 이들에게도 영향을 미친다.

내적 동기를 가지고 일하는 사람은 그 자체로 타인에게 영감을 준다. 묵묵히 자신의 역할을 즐기고 의미를 찾는 모습은 주위 사람들에게 긍정적인 에너지를 전파한다. 억지로 일하는 사람과 스스로 가치를 부여하며 일하는 사람 중 누가 더 신뢰를 얻을까?

누가 더 조직을 건강하게 만들고, 더 나아가 변화를 이끌어갈 수 있을까?

타인에게 동기를 부여하는 리더는 스스로 동기를 부여할 줄 아는 사람이다. 그리고 그런 사람은 높은 직위나 화려한 타이틀이 아니라, 지금 이 순간 자신의 일을 대하는 태도에서 만들어진다.

히라야마처럼 자신의 하루를 선택하며 살아가는 사람, 그런 사람이 조직을, 그리고 세상을 바꿀 수 있다.

"줬으면 그만이지"

다큐멘터리 영화 〈어른 김장하〉는 세상이 모르게 선한 영향력을 퍼뜨린 한 사람의 삶을 담고 있다. 김장하는 경남 진주에서 조그만 한약방을 운영하며 평생을 가난한 이웃과 외로운 청소년, 그리고 지역사회를 위해 헌신했다. 번듯한 직함이나 요란한 선언 없이, 한약방 수익의 대부분을 남몰래 장학금과 구호 활동에 썼다. 그는 돈이 필요한 사람들에게 먼저 손을 내밀었고, 힘든 이웃을 위해 물품을 나르며 발로 뛰었다. 아무도 알아주지 않아도, 그는 묵묵히 자신의 자리에서 선한 일을 이어 갔다. 권위를 휘두르지 않고 삶의 태도로 주변을 이끌었다.

다큐멘터리를 보는 내내 울컥하는 마음을 숨길 수 없었다. 그를 기억하는 이들은 하나같이 "닮고 싶지만, 도저히 닮을 수 없는 사람"이라고 말했다. 김장하는 화려한 수식어나 직위가 아니라, 그저 조용히 살아 낸 삶 자체로 사람들에게 깊은 울림을 주었다.

그가 남긴 영향력은 단순한 감동을 넘어섰다. 그는 요란하게 외치지 않고 조용히 지역사회를 변화시켰고, 우리 사회를 조금 더 따뜻한 곳으로 이끌어 냈다. 그의 삶을 지켜보면서 문득 MIT 슬론스쿨 MBA 입시 에세이의 첫 질문이 떠올랐다. "당신이 다른 사람들에게 영향력을 발휘했던 경험을 이야기하라." 세계 최고 경영대학이 가장 먼저 '영향력'을 묻는 이유가 무엇일지, 그때 오래 고민했던 기억이 있다.

헨리 블랙커비는 『영적 리더십(*Spiritual Leadership*)』에서 "리더십의 핵심은 영향력이다. 리더십은 '존재'로 시작해서 '행동'으로 완성된다"고 말했다. 리더십은 직위로 시작할 수 있다. 그러나 영향력은 직위로 만들어지지 않는다. 리더는 권한으로 명령할 수 있지만, 사람의 마음을 움직이는 것은 권한이 아니다. 진짜 영향력은 구성원 스스로 '닮고 싶다'고 느끼게 만드는 데서 비롯된다.

김장하는 스스로 닮고 싶다고 느끼게 만드는 어른이었다. 장학금으로 도움을 받아 성공한 이가 밥 한 끼라도 사고 싶다고 하자, 그는 "줬으면 그만이지. 혹시 갚으려거든 나에게 갚지 말고 이 사회에 갚아라" 하고 말했다. 그 한마디에 그의 철학과 삶의 태도가 고스란히 담겨 있었다.

리더는 단순히 목표를 달성하는 존재를 넘어, 함께하는 사람들에게 매력적인 삶의 본보기가 되어야 한다. 존경하고 싶은 존재, 믿고 따르고 싶은 존재로 서 있어야 한다. 그리고 이 모든 것은 말이나 슬로건으로 설명할 수 없다. 결국 '어떻게 사는가'가 '어떻게 이끄는가'를 결정한다.

리더십은 타인의 삶에 작은 떨림을 일으키는 일이다. 그 떨림이 모여 세상을 조금 더 좋은 방향으로 바꾼다. 그의 표현처럼, 사부작사부작, 꼼지락꼼지락 걸어온 작은 걸음들이 쌓여, 김장하는 누구보다 강한 영향력을 가진 리더가 되었다. 그의 삶을 본 젊은이들은 스스로 마음속에 다짐했다. 나도 저런 어른이 되고 싶다고.

그 다큐멘터리를 본 뒤, 오래 전 한 후배가 내게 보냈던 편지가 떠올랐다. "형님 이후로 많은 리더들을 모셔 왔지만, 형님은 약간 종교적인 무엇인가가 있는 것 같아요. 제가 후배들과 이야기할 때마다 저도 모르게 형님 이야기를 하게 됩니다. 직접 가르치지 않으셨지만, 형님이 보여 주신 당당함과 떳떳함이 제 안에 습관처럼 남았습니다." 나는 그 편지를 읽고 한참 동안 가만히 있었다. 리더십은 말로 가르칠 수 없다는 것을, 존재로 남겨야 한다는 것을 다시 한 번 느꼈다.

김장하 선생의 삶처럼. 조용히, 그러나 분명히. 나도 그런 리더가 되고 싶다.

소통의 대가

상반기 신입 사원들의 '입사 6개월 생존'을 기념하며 티타임 자리를 마련했다. 6개월 동안 회사 생활을 하며 어떤 점을 가장 크게 배웠는지 물었더니, 한 친구가 한참을 웃다가 쑥스러워하면서 이렇게 말했다.

"저는 제 입사 지원서만 생각하면 아직도 얼굴이 빨개져요."

"왜죠?"

"자기소개서에 '저는 소통의 대가입니다'라고 썼거든요. 그런데 직장 생활을 해 보니 말을 잘하거나 글을 잘 쓴다고 소통의 대가가 되는 건 아니더라고요. 제가 어떻게 말했느냐보다, 듣는 분들이 잘 이해할 수 있도록 전달했느냐가 훨씬 중요하다는 걸 알게 됐어요."

깜짝 놀랐다. 경력 6개월 된 친구가 벌써 소통의 본질을 꿰뚫다니. 사실 소통은 내가 말한 대로가 아니라, 상대가 이해한 대로 평가된다. 듣는 사람이 제대로 이해하지 못했다면, 아무 말도 하지 않은 것과 다를 바 없다.

진짜 소통이란, 내가 머릿속에 구축한 스키마―경험과 감정, 맥락이 얽힌 인지적 틀―를 상대방의 인식 속에 가능한 한 왜곡 없이 재현하는 일이다. 결국 '잘 전달했다'는 것은, 내 안의 세계가 상대의 마음에도 같은 모습으로 자리 잡았다는 뜻이다.

"하느님이 인간에게 두 개의 귀와 하나의 입을 주신 데는 이유가 있다"는 말이 있다. 그만큼 우리는 말하는 것보다 듣는 데 더 많은 시간과 에너지를 써야 한다는 뜻이다. 귀가 입보다 높은 곳에 있다는 점 역시, 말보다 경청이 더 우선되어야 함을 상징적으로 말해 준다.

그럼에도 우리는 보통 '이해받고 싶은 마음'이 앞서기 때문에 '이해하려는 태도'는 쉽게 부족해진다. 상대가 말하고 있을 때도 우리는 머릿속으로 다음 말을 준비하거나 상대의 말을 자르고 자기 생각을 먼저 꺼내기 일쑤다. 경청이란 귀를 열고 입은 닫고 상대가 충분히 말할 수 있도록 기다리는 일이다.

"그래서 결론이 뭐야?"

"됐고, 하고 싶은 말이 뭔데?"

습관처럼 튀어나오는 리더들의 반응이다. 리더는 늘 바쁘다.

해결해야 할 사안들이 산더미처럼 쌓여 있고, 아는 정답을 빨리 말하고 지시하는 것이 효율적으로 느껴지기 쉽다. 그러나 바로 그 이유 때문에, 리더의 경청은 더더욱 중요하다.

짐 버크 전 존슨앤존슨 CEO는 "나는 재직 중 하루의 40퍼센트를 직원들과 소통하는 데 썼다. 그만큼 의사소통이 중요하고, 그중에서도 가장 중요한 것은 '경청'이다"라고 말했다. 리더의 경청은 특히 세 가지 측면에서 결정적인 힘을 발휘한다.

첫째, 경청은 의사결정의 질을 높인다. 리더가 좋은 결정을 내리려면, 구성원이 어떤 생각을 하고 있는지 먼저 들어야 한다. 많은 리더들이 데이터를 모으는 데는 익숙하지만, 결정에 이르는 대화의 수준을 점검하는 데는 소홀하다. 의사결정의 승패를 좌우하는 것은 숫자나 문서가 아니라, 그에 이르는 '맥락'과 '뉘앙스'다. 자료만 보면 모든 것이 분명해 보이지만, 막상 구성원과 대화를 나누다 보면 말 한마디, 표정 하나에 담긴 망설임 속에서 전혀 다른 메시지가 포착되기도 한다. 겉보기에는 명쾌한 결론처럼 보였던 사안도, 그 안을 들여다보면 '꼭 그렇지만은 않다'는 복잡한 맥락이 숨어 있기 마련이다. 수치는 사실을 말하지만, 그 이면의 감정과 망설임 속에는 '현장의 진실'이 담겨 있다. 그렇기에 리더는 데이터를 해석하기 위해서라도, 구성원과의 대화 속에서 더 많이 듣고 더 깊이 물어야 한다. 동시에 구성원들이 두려움이나 편견에 얽매이지 않고 자신의 생각을 표출할 수 있도록 해야 한다. 경청이란 단순히 듣는 기술이 아니라 심리적 안전을 설계하는 리더십 행위다.

둘째, 경청은 신뢰와 존중의 분위기를 만든다. 듣는 행위 자체가 상대에게 '나는 존중받고 있다'는 메시지를 준다. 리더가 자신의 말을 먼저 꺼내기보다는 진심으로 관심을 가지고 구성원의 이야기를 끝까지 들어 줄 때, 구성원은 '이 조직 안에서 나는 중요한 사람'이라는 감각을 갖게 된다. 그렇게 생겨난 신뢰는 업무의 충돌을 줄이고 팀워크를 끌어올리는 바탕이 된다. 말은 마음에서 나오지만, 신뢰는 귀에서 시작된다.

셋째, 경청은 구성원 육성의 출발점이다. 리더가 누군가의 이야기를 듣다 보면, 마음에 들지 않거나 고쳐 주고 싶은 대목이 생기기 마련이다. 그럴 때일수록 말을 끊지 말고 끝까지 들어 주는 것이 더 중요하다. 조언은 때로 구성원의 성장을 방해한다. 반면, 충분히 말할 수 있는 기회를 주고 그 안에서 스스로 해답을 떠올리게 하는 경험은 훨씬 강력하다. 사람은 누구나 자기 안에 답을 갖고 있다. 리더는 그 답이 밖으로 나올 수 있도록 판단 없이 기다릴 줄 아는 사람이어야 한다.

말을 잘하는 리더는 많지만, 끝까지 들어 주는 리더는 드물다. 그러나 진짜 변화와 성장은 바로 그 '듣는 리더'로부터 시작된다.

현장 노트

진심을 다해 들어 주기

하재영 상무 (CJ대한통운)

직장 생활 3년차, 아무도 나서지 않던 일에 어설프지만 "제가 해 보겠습니다"라고 문서를 작성해 박정민 본부장에게 들고 갔다. 그는 진심을 다해 들어 주었다. 그리고 그 자리에서 과감하게 맡겨 주었고, 몰래 사람을 붙여 부족한 부분을 커버해 주었다. 나는 그의 믿음을 배신하지 않겠다는 마음으로 일했고, 그 덕분에 누구보다도 빠르게 성장할 수 있었다.

사회 생활 12년 만에 대기업 임원으로 성장한 지금, 나는 확신한다. 아무리 뛰어난 역량을 가진 구성원도 의지가 없으면 원하는 결과를 못 만든다. 반대로 의지는 있지만 역량이 부족한 구성원에게는 과감히 권한을 위임하고, 부족한 부분을 함께 채워 주며, 작은 성공을 통해 자신감을 심어 준다. 이것이 박정민 대표에게 배운, 내가 가장 선호하는 성장의 방법이다.

이 책에서 말하는 리더십의 본질이 바로 이것이다. 진정한 리더는 화려한 타이틀이 아니라, 타인의 가능성을 믿고 기회를 주는 용기, 보이지 않는 곳에서 조용히 뒷받침해 주는 헌신에서 시작된다. 내가 박정민 대표에게 경험했고, 지금도 나의 리더십으로 추구하는 그 본질을 이 책은 담고 있다.

역지사지,
적극적 경청

구성원들과 티 미팅을 순차적으로 하고 있다. 한 번에 여섯 명씩, 100번을 목표로 한다. 26번째 티 미팅이었다. 화기애애하게 나누던 티 미팅을 마무리할 참이었다. 2년차 구성원 한 명이 살포시 왼손을 받쳐 오른손을 들며 말했다.

"저, 대표님. 질문 하나 더 드려도 될까요? 대표님은 '결혼기념일 휴가'를 어떻게 생각하세요?"

"그룹사들 중에서도 다른 회사에서는 찾아보기 힘든 우리 회사만의 복지겠지!"

"전 미혼이고 당분간 결혼할 생각이 없어서, 언제쯤 그 휴가를 쓸 수 있을까 해서요."

"앗, 여기 미혼이 몇 명이지?"

세 사람이 손을 든다.

"미처 거기까진 생각 못 했네."

인간관계에 관련해서 사람들은 많은 착각을 한다. 남은 나를 잘 몰라주지만, 나는 늘 남의 마음을 잘 안다고. 나도 마찬가지였다. 단 한 번도 싱글 구성원이나 비혼주의 구성원들의 마음까지 생각해 본 적이 없었다.

티 미팅 후 제도 개선을 지시했다. 임원 가운데에는 국가정책이 결혼과 출산을 장려하는 마당에 굳이 비혼주의자들까지 고려해서 제도를 개선할 필요가 있겠느냐는 의견을 내는 사람도 있었다. 하지만 결혼기념일 휴가를 없애는 대신, 가족 구성원의 생일이나 결혼기념일 하루를 정해 휴가를 사용할 수 있는 '가족기념일 휴가'로 변경했다. 제도 개선에 일주일이 걸렸다.

한 커뮤니케이션 연구에 따르면, 우리나라 사람들의 62퍼센트가 자신은 경청을 잘한다고 여기는 반면, 다른 사람들도 경청을 잘한다고 여기는 비율은 단 7퍼센트에 불과했다. 게다가 다른 사람들은 경청을 못한다고 부정적 응답을 한 비율은 45퍼센트에 달했다.

경청을 잘하는지 알아보는 간단한 테스트가 있다. "여보, 이번 주말에 뭐 해? 같이 놀러나 갈까?" 아내 혹은 남편이 이렇게 질문한다. 그런데 당신은 주말에도 출근해야 하는 상황, 그럴 때 어떻게 대답할지 생각해 보자.

"나 바빠!"

"나 이번 주말에 출근해야 될 것 같은데…"

"자기, 모처럼 시간이 되는구나. 자기랑 같이 바람이라도 쐬고 싶은데… 어쩌지? 이번 주말에 출근해야 될 것 같은데…"

평가는 독자의 몫이지만, 내가 생각하는 '정답'은 마지막 대답이다. 상대방이 놀러 가자고 하는 이유, 느낌과 감정에 우선 호응했다. 그러면 상대방은 자신이 충분히 이해받고 있다고 생각한다. 이처럼 상대의 말에 맞장구를 치면서, 상대가 느끼는 감정에 적극 동의하는 것이 중요하다.

회사에서도 "나 바빠!" 같은 식의 대화가 비일비재하다. 리더가 구성원의 말을 그저 듣기만 할 뿐, 상대방이 진짜로 무엇을 말하고 싶은지는 관심 밖이고, 그저 내가 듣고 싶은 대로만 듣는 경우가 얼마나 많은가.

경청의 시작은 상대의 입장에서 이해하려는 마음을 갖는 역지사지(易地思之)이다. '나의 사고 틀' 속에서 다른 사람의 이야기를 듣는 것이 아니라 '상대방이 가진 준거의 틀' 속으로 들어가서 상대방이 어떠한 마음인지 헤아리려는 노력이 필요하다.

상대방이 전하고 싶은 말과 마음, 원하는 것을 정확하게 이해하기 위해서는 단순히 귀로만 듣는 것이 아니라 입으로 거드는 적극적인 경청이 필요하다. "그랬구나", "힘들었겠다", "많이 속상했겠네"와 같이 상대방의 심정에 호응하는 추임새를 넣거나, "그러니까 너는 이렇게 생각한다는 거지?"처럼 질문을 하면 된다. 이러한 공감의 표현은, 말하는 사람으로 하여금 자신이 진심으로 이해받고 있다고 느끼게 해 주며, 상대방이 자신의 말을 경청하고 있다는 것을 알게 해 준다. 귀로 듣기만 하는 경청을 넘어 입으로 표현하는 적극적인 경청이 소통의 완성이다.

Do Not Judge

―――――――――

"사장님, 저 요즘 너무 힘듭니다. 영업도 잘 안 되고… 경기가 안 좋다 보니, 보험 해지율이 전년 대비 10퍼센트나 높아졌습니다."

보험 영업을 하는 이 전무의 말을 듣는 순간, 사장은 짜증이 몰려온다. 이 전무의 이야기를 듣는 둥 마는 둥 하다가 이렇게 대꾸한다.

"그 정도는 힘든 것도 아니야. 코로나 때 생각해 봐. 그때 생각하면 어휴… 그래도 지금은 사람을 만날 수는 있잖아!"

이 전무는 그저 자신의 힘든 상황을 사장이 이해하고 인정해 주기를 바랐을 것이다. 이 상황에서 "내가 뭘 도와주면 되겠나?" 하고 질문하는 것만으로도 사장의 역할은 충분하다. "그 정도는 힘든 것도 아니야"라는 사장의 말은, 사장이 자신의 '사고 틀'을 기준으로 내린 '판단'이다. 이것은 오히려 이 전무의 마음을 닫게 만드는 대화법이다.

이러한 대화 방식은 상대방의 고민을 가볍게 여기게 만들고, 진정한 소통의 기회를 놓치는 결과를 초래한다. 리더십에서 가장 중요한 요소 중 하나는 앞에서 언급한 '경청'이다. 하지만 단순히 듣는 것만으로는 충분하지 않다. 경청의 핵심은 상대의 말을 있는 그대로 받아들이는 태도, 즉 "Don't judge(판단하지 않기)"에서 시작한다.

『장자』에서는 다른 이와 소통하기 위해서는 '심재(心齋)'해야 한다고 했다. 마음속의 잡음(고정관념, 선입견)을 '목욕재계'하듯 깨끗이 비워 내고 고요함을 유지해야 상대의 말을 진정으로 들을 수 있다는 것이다.

하지만 우리는 흔히 타인의 말을 듣는 도중에 무의식적으로 평가하고 선입견을 적용하며, 심지어 상대방이 무슨 말을 할지 미리 예측하기도 한다. 이러한 태도는 진정한 경청을 방해하고 조직 내 신뢰 형성을 저해하는 요소가 된다.

특히 리더가 판단하는 순간, 대화의 흐름은 바뀐다. 구성원들은 자신의 의견이 존중받지 못한다고 느끼거나 방어적으로 변할 수 있다. 서두의 예처럼, 구성원이 "이번 프로젝트에서 어려움을 겪고 있습니다"라고 말했을 때 리더가 "그건 네가 준비가 부족했기 때문이야"라고 즉시 판단하면, 그 구성원은 더 이상 솔직하게 이야기하려 하지 않을 것이다. 반면 "어떤 점에서 어려움을 느끼고 있는지 자세히 이야기해 줄 수 있겠나?" 하고 묻는다면, 직원과 더 깊이 있는 대화를 나눌 수 있고 해결책을 함께 모색할 기회를 얻게 된다.

똑똑하고 유능한 리더여서 자신만의 확고한 사고 틀을 가진 경우, 다른 사람을 판단하거나 가르치려고 하는 오류에 쉽게 빠질 가능성이 있다. 그 오류는 크게 두 가지이다.

첫째는 듣는 순간에 옳고 그름을 섣불리 판단하는 오류이다. 판단하며 듣는 습관이 경청을 방해한다. 다른 사람의 이야기를 들을 때 내가 그 의견에 동의하는지 여부를 먼저 판단하는 습관을 말한다. 다른 사람의 이야기를 들으면서 곧바로 "그건 아니지" 하면서 대화를 끊는 경우다.

둘째는 충고하며 듣는 오류인데, 서두의 예가 이에 해당한다. 다른 사람의 이야기를 들으면서 자신의 경험에 따라 가르치려 하는 것이다. 타인은 진지하게 자신의 고민을 토로하고 있는데 "그 정도는 힘든 것도 아니야"라는 식으로 답변하는 경우다.

리더가 구성원보다 지식과 경험이 더 많다는 이유로, 혹은 바빠서 들을 시간이 없다는 핑계로 이러한 오류를 반복하면, 구성원은 다시는 스스로 고민하려 하지 않는다. 그뿐만 아니라 리더 앞에서 입을 다물기 시작한다. 자기 의견을 이야기해 봤자 다 말하기도 전에 리더가 결론을 내릴 것을 알기 때문이다.

반면, 판단하지 않는 태도는 조직의 심리적 안전감을 높인다. 구성원들은 자신의 생각을 자유롭게 표현할 수 있고, 창의적인 아이디어도 더욱 활발하게 공유할 수 있다. 또한 신뢰를 바탕으로 한 관계가 형성되면서, 리더와 팀원 간의 유대감이 강해진다. 결국 이러한 문화는 더 나은 협업과 성과로 이어진다.

경청의 기술 중 "Don't judge"는 단순한 커뮤니케이션 스킬이 아니라 리더십의 본질적인 요소이다. 판단을 멈추고 진정으로 듣는 리더가 될 때, 조직은 더 건강하고 강력한 팀으로 성장할 수 있다.

현장 노트

성장을 돕는 말과 행동

최우석 본부장 (SK스토아)

팀 미팅에서 한 후배가 열정적으로 아이디어를 제시했다. 그러나 나는 냉정하게 그 아이디어의 약점을 지적했다. "이 방법은 현실적으로 불가능해요. 시간과 비용 대비 효과가 너무 낮습니다." 논리적으로 조목조목 반박하며 팀원들의 침묵을 이끌어 냈다.

미팅이 끝난 후 박정민 팀장이 조용히 나를 불렀다.

"선배 매니저라면 '안 된다'는 말 대신 '어떻게 가능하게 할까?'를 고민해야 하지 않을까? 미래의 리더라면 패기를 보여 줘야지."

그 순간 나는 뒤통수를 맞은 듯한 충격을 받았다. 그는 나를 질책한 것이 아니라, 리더십이란 문제 해결을 위한 창의적 사고임을 깨우쳐 준 것이었다. 이후 나는 회의마다 먼저 "이 아이디어를 보완하려면 어떤 조건이 필요할까?"라고 묻기 시작했고, 팀원들은 점차 "이런 부분은 추가로 검토해 보면 어때요?"라며 서로의 생각을 확장해 갔다.

한번은 내가 직무 관련 강의를 들으러 다녀오겠다고 한 적이 있었는데, 그때 팀장이 미소 지으며 말했다.

"당신이 국내 최고 전문가인데 배우러 가다니? 오히려 강의를 하러 가야 하는 것 아닐까? 다녀와서 우리 모두에게 강의 한번 해 주세요."

나는 그때 그의 말과 행동에 담긴 뜻을 알아차렸다. 유능한 리더는 구성원의 성장과 발전을 생각하고, 그들의 잠재력을 이끌어 내는 말을 하며, 조직 문화를 이끄는 행동을 한다는 것. 나는 리더십은 권위가 아닌 행동임을 늘 곁에서 배우고 있었던 것이다.

이 경험은 내게 두 가지 교훈을 남겼다. 첫째, 리더는 '안 된다'는 장벽 앞에 멈출 것인가, '된다'는 길을 찾을 것인가를 선택하는 사람이다. 둘째, 말 한마디가 구성원의 사고방식과 행동을 바꾸며 조직 전체의 문화를 형성한다. 오늘날 나는 후배들에게 이렇게 말한다. "리더십은 팀원의 목소리에서 해답을 찾으며 질책이 아닌 성장을 돕는 말과 행동으로 증명된다"라고.

지식의 저주

A: 이런 사건일수록 데이터 마이닝으로 진행하는 게 좋을 것 같은데!

B: 대부분 스캠 사건은 수법이 비슷해서 데이터를 모은다 해도 가해자 특정은 어려울 거야. 특히 M.M.(modus operandi)이 천편일률적이기도 하고, 오히려 펄스네이션으로 레인지를 좁혀 나가는 게 빠를 것 같아.

A: 펄스네이션은 인풋도 많이 들뿐더러 펄스펙티브가 너무 주관적이어서 오히려 방해만 될 거 같은데? 차라리 커뮤니케이션 인베스티게이션에 지오그래픽 프로파일링을 접목시켜 보는 건 어때?

B: 로맨스 스캠 사건은 온라인상에서 벌어지기 때문에 좀 성급한 접근 같은데? 지오그래픽 인포메이션에 집착하다 보면 게슈탈트 프로세스가 작동하기도 쉽고…

디즈니플러스 한국 드라마 〈강대강〉이란 작품의 한 장면이다. 주인공인 강력반 반장과 프로파일러가 수사팀원들 앞에서 현재의 사건에 대해 위처럼 토론한다. 팀원들은 두 사람의 대화를 이해하려고 노력하다 곧 포기하고 마는데, 그 모습이 우스꽝스럽기까지 하다. 하지만 이런 일은 실제로 조직 사회에서 자주 일어난다.

리더는 이미 자신의 비즈니스 영역에서 전문가이다. 그런 전문가라면 보통 사람들보다 두세 걸음쯤 앞서서 얘기하는 경우가 많다. 상대방은 전혀 알아듣지 못하지만 리더들은 이미 알고 있기에 구성원들이 '모르는 상태'임을 간과하기 쉽다. 이른바 '지식의 저주(The Curse of Knowledge)'이다. 이미 자신이 알고 있는 내용을 상대방도 알고 있다고 착각하게 되고, 모르는 상대방을 이해하지 못하기 때문이다.

'지식의 저주'는 스탠퍼드대 경영학과 교수 칩 히스가 그의 저서 『스틱(Stick)』에서 소통의 가장 큰 장애 요인으로 꼽은 개념이다. 아는 것이 많아질수록, 정보가 많을수록 상대가 자신과 같은 배경지식을 가지고 있다고 착각하는 현상이다.

칩 히스는 이를 설명하기 위해 흥미로운 실험을 소개했다. 실험 참가자들은 두 그룹으로 나뉘었다. 첫 번째 그룹은 노래를 손가락으로 두드리는 사람들(tappers), 두 번째 그룹은 그 소리를 듣고 어떤 노래인지 맞히는 사람들(listeners)이다. 예를 들어 첫 번째 그룹 사람들은 〈Happy Birthday〉의 리듬을 손으로 두드리면서, 본인은 머릿속에서 선율이 들리기 때문에 상대도 쉽게 맞힐 것이라 생각한다. 그러나 듣는 사람들에게는 단지 일정한 박자일 뿐, 대부분 어떤 노래인지 짐작조차 하지 못한다.

이 실험은, 우리가 알고 있는 지식이 많을수록 상대의 이해 수준을 과대평가하게 된다는 사실을 보여 준다. 즉 '지식의 저주'란 자신이 알고 있는 정보를 다른 사람도 당연히 알고 있으리라 생각하는 인지적 함정이다. 이 함정을 피하려면, 듣는 사람의 입장에서 생각하려는 의도적 노력이 필요하다.

2007년, 최태원 SK그룹 회장은 한 임원 회의에서 "가까운 미래에 휴대폰은 개인의 취향과 감정을 담는 퍼스널 미디어 디바이스가 될 것이다. 사람에 따라 휴대폰이 피카츄가 되기도 하고, 때론 파이리가 되기도 할 것이다. 고객이 원할 때마다 변하는 포켓몬볼 같은 거지"라고 말했다. 당시만 해도 폴더폰이 주류였고 스마트폰이 막 세상에 등장하려던 시기였다. 참석자들 중 일부는 이 표현이 낯설어, 회의 후 포켓몬에 대해 공부해 보았다는 일화가 전해진다.

이 이야기는 리더십 커뮤니케이션의 본질을 잘 보여 준다. 당시 회장은 이미 모바일 기술의 진화 방향과 개인화 트렌드를 정확히 꿰뚫고 있었고 이를 문화적 비유로 풀어 낸 것이었다. 다만 청중은 그 배경지식과 맥락을 충분히 공유하지 못했기에, 그 의미를 완전히 이해하기는 어려웠을 것이다.

리더가 머릿속에 선명한 그림을 그리고 있을수록 그 비전을 구성원이 이해하는 언어로 번역하는 일은 더욱 어렵다. 그래서 리더에게 필요한 것은 지식의 깊이뿐 아니라, 상대의 시선에서 생각하고 설명할 수 있는 소통력과 겸손함이다.

피터 드러커는 이렇게 말했다. "목수와 일을 할 때에는 목수의 언어를 사용하라." 리더는 구성원과 대화할 때 자신의 의도와 비전을 명확한 언어로 전달해야 한다. 추상적인 설명이나 지나치게 복잡한 말은 리더십의 힘을 약화시킨다. 그래서 리더에게 필요한 것은 복잡한 설명이 아니라, 누구나 이해할 수 있는 단순한 메시지다. "Keep it simple, stupid." 단순함은 피상적인 것이 아니라 본질을 명확히 드러내는 힘이다.

모르는 것은
모른다고 말하라

―――――――

"챗GPT를 보면서 신세계가 왔다고들 하지만 AGI로서는 아직은 멀었다고 생각합니다. 고객상담센터 업무에 챗GPT를 적용할 때도 마찬가지입니다. 처음부터 상담원을 AI로 대체하는 것은 불가능합니다. 그래서 상담 로그 DB와 MKIS DB를 동시에 학습시켜서 정보 탐색 시간을 최소화하도록 지원해 주는 AI assistant 기능을 하는 것으로 프로세스를 개선하고자 합니다."

"AI가 콜센터의 상담원 업무를 대체할 수준은 안 되고 보조 장치 수준이라는 거죠?"

"예, 맞습니다."

'AGI'는 뭐지? 'MKIS DB'는 또 뭘까? 이런 궁금증이 생기는 것이 당연하다. 하지만 맥락상 이해가 되면 디테일은 대개 무시하고 지나가 버린다.

AGI : Artificial General Intelligence 인간과 유사한 수준의 지능을 가진 인공지능을 의미
MKIS : Marketing Knowledge and Information System 마케팅 지식 및 정보 시스템

여러 명이 참석한 회의에서 나만 모르는 것 같아서, 또는 나의 무지로 다른 사람의 시간을 빼앗는 것 같은 미안함에, 맥락만 이해되면 그냥 넘어가 버린 경험들이 있을 것이다. 하지만 이런 디테일을 놓치는 것이 문제의 핵심을 놓치는 결과로 이어질 수 있다.

만약 "AGI가 정확히 무엇을 의미하나요?"라거나 "MKIS DB의 역할을 좀 더 설명해 주실 수 있나요?" 하고 질문했다면, 더 깊은 논의가 이루어졌을 것이고, 의사결정 과정도 훨씬 명확해졌을 수 있다.

리더의 가장 큰 실수 중 하나는, 모르는 것을 모른다고 말하지 않는 것이다. 모르는 것을 질문하면 구성원들이 자신을 무능하다고 생각할까 봐 걱정하는 리더가 많다. 그러나 리더가 모든 것을 알 필요는 없다. 중요한 것은 핵심을 정확히 이해하고 적절

한 질문을 던지는 능력이다. 명확한 질문이 명확한 답을 이끌어 내며, 이러한 과정이 오히려 조직 전체의 사고력을 높인다.

또한, 리더가 모르는 것을 감추기 위해 애매하고 추상적으로 말하는 것도 피해야 한다. 구성원들이 리더의 진의를 해석하느라 시간과 노력을 낭비하게 되는 순간, 조직의 효율성은 떨어진다. 만약 리더가 불명확한 표현을 남기고 자리를 떠난 뒤 팀원들이 그의 말을 놓고 마치 암호를 해독하듯 고민해야 한다면 이는 심각한 문제다. 리더의 메시지는 명확하고 실행 가능해야 하며, 불필요한 해석의 여지를 남겨서는 안 된다.

모르는 것은 반드시 질문을 통해 알아 가야 하며, 아는 것도 적절한 질문을 통해 컨센서스를 이루는 것이 중요하다. 리더가 질문을 던질 때 구성원들은 리더가 정말 몰라서 묻는 것인지, 알고도 일부러 질문하는 것인지 판단할 수 없다. 하지만 중요한 것은 그 질문이 논의를 촉진하고 조직이 더 나은 결론을 도출하는 데 기여하는가 하는 점이다. 질문은 단순히 정보를 얻기 위한 도구가 아니라, 구성원들이 생각을 정리하고 서로의 이해를 맞춰 가는 과정이다. 리더가 질문을 던지면 팀원들은 자연스럽게 자신의 논리를 점검하게 되고, 이는 결국 더 나은 의사결정을 이끌어 낸다.

이럴 경우, '잠시 포즈(pause)'를 적절히 활용하는 것을 추천한다. 리더에게는 '잠시 포즈'가 중요한 도구가 될 수 있다. 질문을 받았을 때, 그것이 모르는 내용이든 아는 내용이든 즉각적으로 답하기보다 잠시 생각한 후 말하는 것이다. 이는 단순히 시간을 끄는 것이 아니라, 말을 하기 전에 한 번 더 숙고함으로써 실수를 줄이는 과정이다. 특히, 너무 익숙한 질문일수록 즉각적인 반응보다는 짧은 포즈를 두는 것이 유용하다. 신중함이 더해지면 답변의 무게가 달라지고, 듣는 사람도 자연스럽게 더 집중하게 된다.

리더의 역할은 모든 답을 아는 것이 아니라, 올바른 질문을 던지고 명확한 메시지를 전달하는 것이다. 모르는 것을 인정하고 배우려는 자세는 리더뿐만 아니라 조직 전체의 성장으로 이어진다. 회의에서 이해되지 않는 부분이 있다면 주저하지 말고 질문하자. 그리고 말할 때에는 직설적이고 구체적으로 전달하되, 신중함을 더하기 위해 잠깐의 침묵을 활용하자. 질문을 통해 배움을 얻고, 질문을 통해 조직의 방향성을 정리하는 것, 그것이야말로 현명한 리더가 가져야 할 태도다.

어떻게
화낼 것인가

『리더의 일』(박찬구 지음, 인플루엔셜, 2023)이라는 책에는 이런 문장이 나온다. "마음대로 화를 내는 것은 '화가 나다' 같은 피동형이 아니라 '화를 내다'와 같은 능동형이다." 다시 말해, 화를 낼 것인지 말 것인지, 그리고 낸다면 어떻게 낼 것인지 스스로 선택해야 한다는 뜻이다.

그러고 보니, 나는 화가 난 적은 별로 없다. 하지만 화를 낸 적은 많다. 그건 감정이 아니라 선택이었다. 팀이 방황할 때, 중요한 신호를 보내야 할 때, 나는 의도적으로 화를 냈다. 리더는 화를 참는 사람이 아니다. '어떻게' 화를 낼지를 아는 사람이다. '화'는 리더의 감정을 폭발시키는 것이 아니라, 팀에게 보내는 메시지여야 한다.

허재 감독의 화내는 방식을 인상 깊게 기억한다. 그는 농구 경기 중 애매한 판정이 나오면 심판에게 격하게 항의하곤 했다. 벤치에 앉은 선수들은 그 모습을 보고 다시 정신을 차렸다. 때로는 그 화가 팀 분위기를 반전시키기도 했다.

유명한 밈, "이게 불낙이냐?"가 그 예다. "이게 block이냐? (누가 봐도 반칙이잖아!)"라고 항의하려던 것이었지만 감정이 격해져 발음이 꼬인 말이었다. 그 장면은 많은 사람들에게 웃음을 줬지만, 사실 그 이면에는 중요한 리더십의 기술이 숨어 있다.

나중에 들은 이야기로는, 허 감독의 화는 대부분 '계산된' 연기였다. 심판에게 항의하기 위한 것이기도 했지만, 더 중요한 목적은 위축된 선수들에게 보내는 메시지였다. "우린 아직 싸우고 있다." 그 화는 단순한 분노가 아니라, 팀을 일으키는 전략이었다. 선수들에게 "여기서 물러설 수 없다"는 것을 몸으로 보여 주는 리더십의 표현.

이 에피소드는 리더의 분노가 감정의 분출이 아니라, 필요한 순간에 팀을 이끄는 하나의 선택이 될 수 있음을 보여 준다. 리더의 분노는 때로 에너지이고, 전략이 될 수 있다.

하지만 자주 화를 내는 리더는 다르다. 그건 전략이 아니라 습관이고, 의사소통의 포기이다. 상사의 큰소리 앞에서 끝까지 말할 수 있는 사람은 없다. 아무리 친한 상사여도, 화를 내는 사람 앞에선 본능적으로 대화를 피하게 된다. 결국 팀은 점점 말이 줄고 침묵하게 된다.

더 큰 문제는 존중의 문제다. 리더가 자주 화를 내면 구성원은 자신이 존중받지 못한다고 느낀다. 같은 실수를 해도, 상급자에게는 논리적으로 설명하고, 팀원에게는 책상을 치며 꾸짖는 모습을 본 구성원은 분명히 느낀다. "나는 저 사람에게 존중받지 않고 있다." 한번 생긴 인식은 좀처럼 바뀌지 않는다.

리더가 화를 내는 대표적인 상황 중 하나는 구성원이 실수를 했을 때다. 화낼 만한 일이다. 하지만 차분히 이야기할 수 있다면 그게 더 낫다는 걸 우리는 안다. 카리스마로 포장된 다혈질은 통제되지 않는 성격이라는 인상만 남길 뿐이다.

또 하나의 경우는, 구성원의 태도나 생각이 기대와 다를 때다. 하지만 모든 생각이 상사와 같을 필요는 없다. 오히려 다양한 생각이 조직을 발전적으로 이끈다. 리더는 차이를 존중해야 한다. 화로 설득하려 하지 말고, 경청으로 리드해야 한다.

때로는 자신의 의지를 강조하기 위해 일부러 화를 내기도 한다. 이런 '전략적 분노'는 메시지를 강화하는 데 효과적일 수 있다. 문제는, 그 화가 정말 필요한 화였는지 되돌아보지 않을 때다. 화를 냈던 순간을 곱씹어 보면, 생각보다 많은 경우에 화를 낼 일이 아니었음을 깨닫게 된다. 혹은, 화를 낼 만했지만 표현이 과했고 결국 상처만 남겼다는 후회가 밀려온다.

하지만 리더로서 정말 화를 내야 하는 순간도 있다. 사업을 하다 보면 예상치 못한 장애나 사고는 늘 일어난다. 팀장 시절, 나는 구성원들에게 늘 이렇게 말했다.

"팀에서 벌어지는 모든 일은 팀장의 책임이다. 성과가 안 나도, 문제가 생겨도, 심지어 운이 없어도 그건 결국 리더의 몫이다. 하지만 리더가 끝까지 지켜 줄 수 없는 단 하나가 있다. 그건 진실을 숨기는 일이다."

"실수했다고 화내지 않는다. 실수는 감쌀 수 있다. 하지만 축소 보고, 지연 보고, 은폐는 절대 용서하지 않는다."

리더에게 있어 화를 낸다는 것은 경계를 긋는 일이다. "여기까지는 괜찮지만, 이 선은 넘지 말라"는 기준을 보여 주는 것이다. 그 선이 무너지면, 팀의 신뢰도 무너진다.

진짜 중요한 건, 화내야 할 때만 화를 내는 것이다. 그래서 우리는 '화내는 연습'을 해야 한다. 무엇에 화를 내고 무엇은 흘려보낼지를 구분하는 훈련. 이것이 습관이 되어야 한다. 리더십은 감정이 아니라 태도. 그리고 화는 그 태도가 가장 극명하게 드러나는 순간이다. 화는 리더의 무기가 아니라 리더십의 품격을 보여 주는 기술이어야 한다.

현장 노트

나를 단련시켜 준 리더

권현정 본부장 (SK플래닛)

가장 무섭지만 끝까지 따라가고 싶은 리더가 있다. 나를 가장 긴장시키지만 그 긴장 끝에 성장의 길을 열어 주는 리더다.

회사 생활 30년, 단짠단짠 리더십의 진수를 보여 준 그분은 내 인생의 첫 '폭풍경보'였다. 온화하고 무색무취하게 살아온 나에게 그는 예고 없는 태풍처럼 다가왔다. 사적 인연도, 친분도 없이 오직 성과와 가능성으로 나를 발탁했고, 그 기대의 무게는 벼락처럼 내려앉았다.

항상 일의 속도에 자신 있던 나에게 "이게 네가 말한 최선이야?"라는 말은 심장을 찌르는 한 문장이었다. 그러나 다음 날, 그는 아무렇지 않게 내 자리에 와서 커피 한 잔을 권했다. 승진 기념으로 선물해 준 커피머신에서 내린 그 한 잔은 질책의 여운을 녹이는 따뜻함으로 다가왔다.

그는 칼을 쥐되 사람을 베지 않는다. 대신 칼끝으로 방향을 가리킨다. 냉철함 속에 따뜻함이 있고, 단호함 속에 믿음이 있다.

나는 4남 1녀의 막내로 자라며 "막내는 존재 자체가 귀하다"는 말만 듣고 자랐다. 세상도 그렇게 나를 품어 줄 줄 알았다. 그러나 그를 만나고 처음 '단련'이라는 단어의 의미를 배웠다. 질책의 순간마다 흔들렸지만, 돌아보면 그 과정이 나를 단단하게 빚었다.

그의 리더십은 강함 속의 부드러움이자, 매서움 속의 인간미였다. 그는 내 인생의 매서운 스승이자, 단짠단짠 인생의 방향을 잡아 준 리더다.

우리 팀장님 별명은
'김 대리'

'대리급 팀장'이라고 불리는 리더가 조직마다 있다. 직급은 팀장인데, 하는 행동은 여전히 대리 시절의 습관을 벗어나지 못한 듯 보이기 때문이다. 아주 작은 사안까지 보고를 요구하고, 업무의 모든 단계마다 개입해 팀원들을 옥죄는 팀장을 두고 "아무개 대리"라고 부르기도 한다.

최근에는 이 별칭이 중간관리자를 넘어 최고경영자에게까지 확장된 사례를 들었다. 한 후배가 "우리 대표님은 매너도 좋고 사람도 좋으신데… 대리입니다. 사장이 될 준비가 안 되신 것 같아요"라며 하소연을 했다. 이유를 묻자 그는 이렇게 설명했다. "호기심이 많으셔서인지, 하나부터 열까지 다 알고 싶어 하십니다. 그리고 그것을 전부 챙기려 하시니 조직이 조금도 자율적으로 움직이지 못합니다. 대표가 이해하는 만큼만 회사가 전진하는 느낌이에요." 마이크로매니징은 직급과 직책을 가리지 않는다. CEO라 해도 이 덫에 빠지면, 조직 전체가 리더의 시야와 속도에 갇히게 된다.

마이크로매니징이 사라지지 않는 이유는 다양하다. 신임 팀장의 경우, 리더십에 대한 불안감 때문에 근면 성실로 스스로를 증명하려 한다. 그러다 보니 내가 더 열심히 챙기고 직접 확인하는 것이 최선이라고 믿게 되고, 결과적으로 팀의 모든 일을 붙들고 놓지 않게 된다. 또 어떤 경우에는 겉으로 보기에 '똑부(똑똑하고 부지런한)' 상사다. 일은 꼼꼼하고 결과도 흠잡을 데 없지만, 구성원을 믿지 못하다 보니 일일이 지시하고 하나하나 점검하지 않으면 마음이 놓이지 않는다. 덕분에 실수는 줄었지만, 팀은 결국 팀장 한 사람의 그릇을 넘어서지 못한다.

연말 리더십 평가서를 보고 깜짝 놀란 적이 있다. 한 본부의 다수가 "본부장 때문에 너무 힘들다"고 하소연이었다. 심지어 다른 부서를 알아보고 있다는 직원도 있었다.

그 당시 회사는 적자에 허덕이고 있었고, 나는 경영 목표 달성을 위해서라면 물불 가리지 않는 이 본부장이 적임자라고 생각했다. 위기 상황일수록 냉정하고 추진력 있는 리더가 필요하다고 믿었기 때문이다. 실제로 그는 누구보다 성실했고 일에 대한 이해도와 몰입도가 탁월했다. 그의 본부는 목표를 초과 달성했고, 나는 그에게 좋은 고과를 줬다. 나의 판단은 합리적이라 믿었다. 그러나 나중에서야 알았다. 그가 보여 준 철저함과 완벽주의가 본부의 성과를 끌어올리는 동시에 구성원들의 숨통을 조금씩 조이고 있었다는 사실을.

당시 본부장은 스스로의 기준이 높았다. 현실적으로 가능한 수준의 목표에도 만족하지 못했고, 늘 한 걸음 더 나아가길 원했다. 그 열정은 분명 진심이었다. 하지만 조직은 개인의 열정만으로 움직이지 않는다. 그는 누구보다 앞서 있었지만, 팀원들이 그 속도를 따라가지 못하면서 점점 간극이 생겼다. 회의는 토론보다 지시가 많아졌고, 아이디어보다 실행 압박이 앞섰다. 직원들 입장에서는 '잘해야 한다'보다 '혼나지 말자'가 우선이 되었고, 그 안에서 창의와 활력은 점차 희미해졌다.

나는 그 현실을 충분히 보지 못했다. 성과를 내는 사람이라는 이유로 그가 만들어 낸 '성과의 그림자'를 놓쳤던 것이다. 그의 리더십은 악의가 아니라 과도한 책임감에서 비롯된 것이었고, 나의 판단도 그만큼 단편적이었다. 그 경험은 내게 오래 남았다.

마이크로매니징은 팀의 에너지를 소진시킨다. 남는 것은 끝없는 지시와 교정뿐이고, 성장을 자극하는 대화는 점점 자취를 감춘다. 구성원들은 묻고 싶은 것이 있어도 "괜히 지적만 듣는 건 아닐까" 하는 우려에 입을 닫게 된다. 그렇게 추진력과 상상력은 서서히 위축되고, "시킨 일만 하자"는 방어적 태도가 자리

잡는다. 단기적으로는 성과가 유지될 수 있지만, 장기적으로는 유능한 인재가 떠나고 조직은 서서히 활력을 잃는다.

리더라면 먼저 자신의 리더십 스타일을 성찰해야 한다. 구성원이 상사의 성향에 맞추어 일하듯, 리더 또한 자신의 방식이 팀에 어떤 영향을 미치는지 살펴볼 필요가 있다. 리더십은 환경과 구성원, 그리고 리더 자신에 따라 끊임없이 변하는 함수이다.

필요하다면 스스로 변화를 선택해야 한다. 목표 달성에만 몰두할 것이 아니라, 그 과정 속에서 구성원들이 성장할 수 있는 기회를 마련해야 한다. 그리고 한 템포 멈추어 기다려 주는 여유를 잃지 않아야 한다. 그 여유가 바로 진정한 리더로 성장하는 공간이다.

어항 속 물고기처럼 행동하라

"대표님, 요즘 심기가 불편하시다면서요?"

임원 몇몇과 소주 한잔하는 자리에서 누군가 묻는다.

"무슨 얘기일까? 왜 내 심기가 불편한데?"

"대표님이 요 며칠 보고를 받다 창밖을 바라보시는 횟수가 늘었다는데요? 경기가 안 좋다 보니 실적이 못 받쳐 줘서 대표님이 고민이 많으신 것 같다고…"

조직 문화를 결정하는 것은 리더가 주창하는 정책이나 말이 아니다. 리더가 매일 아침 어떤 모습으로 나타나는지, 회의 때 어떤 태도를 취하는지, 이런 사소한 것들이 문화를 만든다.

"팀장이 전하는 메시지, 그 사람이 취하는 태도 등 모든 것이 한데 뭉쳐 조직의 전반적인 분위기와 문화를 형성한다. 원하든 원하지 않든, 당신이 팀장이라면 어항 속의 물고기처럼 모두의 시선 속에 있다." 미국 최대 통신사 버라이즌 와이어리스의 전 CEO가 한 말이다.

연말 인사철에 정기 미팅을 한 번 취소했다가 "해임 통보를 받은 것 같다"는 루머에 휩싸인 후배 얘기가 있나 하면, 출근길에 반갑게 인사했더니 "승진 통보를 받았냐"며 축하 쪽지를 받았다는 에피소드도 있다. 구성원들이 리더의 일거수일투족에 늘 촉각을 곤두세우고 있다는 방증이다. 리더의 사소한 말 한마디나 얼굴 표정 하나도 구성원들은 예의 주시한다. 그리고 그 사소함은 수십 배로 증폭되어 팀 문화와 전반적인 분위기에 영향을 끼친다.

하지만 많은 리더들은 자신은 '프렌들리한 리더'여서 구성원들이 자신을 어려워하지도 않는다며 자신의 태도가 조직 문화에 미치는 영향을 과소평가한다. 문화에 영향을 미치는 리더의 태도는 단지 구성원과의 '친밀도' 문제만은 아니다. 구성원들은 리더를 모범으로 삼아 자신들의 행동 기준을 삼고, 그것이 조직 문화에 영향을 미치게 된다.

리더는 자신의 영향력을 인식하고 자중자애해야 한다. 도전적인 순간들로 가득 찬 리더십의 세계에서 부지불식간에 본인의 기분이 드러나는 것은 어쩔 수 없다. 하지만 기분과 태도는 별개다. '내 기분이 태도가 되지 않아야 한다'는 원칙을 세우고 훈련하자.

중국의 대표적인 심리 상담 플랫폼 '레몬 심리'에서는 "내 기분이 태도가 되지 않도록 하기 위해서는 습관적 투덜이가 되지 말 것"을 강조한다. 습관적인 불평과 부정적 생각은 내 하루를 망치고 내 주변을 망치며 결국은 팀의 사기를 망친다. 이런 리더와는 만나서 보고만 해도 진이 쭉 빠질 것이다. "이게 되겠어?" 같은 대책 없는 회의론은 열정 가득한 팀원도 주저앉힌다. 이런 일이 반복되면 팀은 복지부동이 된다. 새로운 아이디어나 대안은 사라지고, 위험을 감수하는 도전도 없어진다. 신중한 태도와 열정을 꺼뜨리는 태도는 다르다. 신중함은 이것이 되고야 말 이유를 찾거나 달성에 저해되는 위험을 찾는 것이다.

"미리미리 여유 있게 출근했으면 늦을 일이 없잖아. 회의가 9시면 8시 반에는 출근해 있어야 하는 거 아냐?" 9시 회의 시간을 못 맞춘 매니저에게 팀장이 질책을 한다. 있을 수 있는 일이다. "오늘 뭔 일이래? 사고가 났나? 1호 터널이 너무 막혀서 어쩔 수가 없었네! 자, 자, 바로 회의 시작합시다." 하지만 리더 자신이 지각했을 때에는 이렇게 '다 이유가 있다'면, 구성원들은 어떻게 느낄까?

리더의 태도는 조직의 문화뿐만 아니라 관행도 만든다. 구성원들은 리더의 모습을 보면서 조직에서 용인되는 행동 범위에 대해서 학습한다. 조직에서 바람직하지는 않지만 많은 구성원으로부터 "그 정도는 해도 돼"라고 용인되는 수준을 '관행'이라고 부른다. 관행은 나만의 기준으로 정하는 것이 아니라 리더의 행동과 태도를 보며 학습하면서 진화하는 것이다.

최근 '순살 아파트' 논란의 원인은 L모 공사의 현직 임원들이 전직 임원들을 챙겨 주는 '전관예우' 관행이라고 지목된 바 있다. 전관예우는 주변인들이 다 같이 저지르며 묵인하고, 언젠가 은퇴할 현직 임원들이 후배들에게 (용인을 넘어) 학습시키며, 이른바 '우리가 남이가'라는 조직의 관행이 되어 버린 것이다. 사과 하나가 썩으면 도려내면 그만이다. 하지만 상자 안의 사과가 모두 조금씩 곪아 버리면 한 박스를 내다 버릴 수밖에 없다. 그만큼 관행은 무서운 것이다.

행동경제학자 댄 애리얼리 교수는 유명한 '냉장고 콜라 실험'을 통해 조직 내에서 용인되는 행동 범위에 대해서 증명했다. 그는 한 대학 기숙사에 들어가 공동으로 사용하는 냉장고 중 절반에는 6개짜리 콜라 한 팩을, 나머지 절반에는 1달러짜리 지폐 6장을 넣어 두었다. 관찰 대상인 학생들의 행동은 매우 흥미로웠다. 냉장고 안에 들어 있던 콜라는 3일 만에 다 없어진 반면, 학생 누구도 지폐에는 손을 대지 않았다. 기숙사의 공동 냉장고에서 콜라를 가져가는 정도는 용인되는 수준으로 여겨져서, 학생들이 다른 사람의 콜라를 가져가는 부정행위를 저질렀다고 애리얼리 교수는 해석했다. 반면 콜라 하나의 가격과 1달러 지폐의 가치가 거의 비슷함에도 불구하고, 다른 사람의 돈(지폐)을 가져가는 것은 용인되는 수준을 넘어서는 도둑질이라고 생각하기 때문에 아무도 지폐에는 손을 대지 않았다는 것이다.

리더의 행동이 구성원들의 도덕성의 기준이자 용인되는 행동의 가이드가 된다는 것을 명심하고 사려 깊게 행동하자.

현장 노트

9·11 사태를 경험했던 출장길

허재훈 부사장 (SK mySUNi)

박정민 대표와의 인연은 20년이 훌쩍 넘어간다. 당시 신입 사원이던 나와 사수-부사수(요즘 말로는 멘토-멘티이겠지만, '라때'는 사수-부사수라고들 했다. 아~ 옛날이여^^)의 관계로 연을 맺었다. 그는 세상에 갓 발을 내디딘 내가 "리더란 누구인가"라는 질문을 신참 때부터 하게 만들었다.

시간이 지나도 오래도록 내 기억에 선명한 장면, 바로 9·11 사태이다. 미국 본토가 처음으로 공격받은 경천동지할 일이 벌어졌을 때, 우리 회사 젊은 리더들의 미국 벤치마킹 출장에 박정민 대표가 퍼실리테이터로서 동행했다.

지금처럼 글로벌 메시징 서비스가 있지도 않고 오로지 로밍이라는 유무선 통신만 가능하던 시절, 미국이 셧다운되고, 빗발치는 전화 연결 시도에 통신망이 부하를 못 이겨 통화도 어렵던 그 시각, 나는 본사 비상상황실에서 사장님의 지시에 따라 세계 각지로 출장길에 오른 구성원들 현황을 파악하면서도 마음 한편에는 박정민 대표와 함께 출국한 그룹은 아무 일 없을 것이라는 막연한 신뢰가 있었다.

물론 새벽 두세 시에 겨우 연락이 닿을 때까지는 계속 마음을 졸일 수밖에 없었고, 사건 발생 하루 전날 해당 팀이 WTC를 방문했던 것에서 알 수 있듯이 간발의 차이로 큰 위기를 모면했지만, 해당 출장자들은 박 대표의 인솔 아래 의외로 차분하게 대응하고 있었다.

그들의 안전을 확인하고 한국의 가족분들께 새벽임에도 전화를 돌리면서, 특히 남편과 연락이 안 닿아 거의 제정신이 아니던 분이 너무너무 고맙다며 전화기 너머로 오열하던 그때를 잊을 수 없다.

이후 전원이 한국에 무사 귀국할 때까지 수단과 방법을 총동원하여 출장자들을 인솔한 박 대표의 이야기를 후일담으로 나누며, 태도로써 후배들에게 본을 보이는 모습이 눈에 선했다. 리더는 단순히 역할이 아니라 태도로 리더임을 증명해야 하고, 박 대표는 행동으로 그것을 실천해 왔기에 많은 후배들에게도, 또 나에게도 롤모델로 다가오는 게 아닐까 생각한다.

회사 생활은
약속과 이행의 연속이다

나는 모든 것이 계획되지 않으면 다소 불안을 느끼는 유형이다 (ESFJ, 내 MBTI이다). 예를 들면, 나는 매일의 일정을 시간 단위로 계획해 엑셀로 정리해 둔다. 여행을 떠날 때에는 일정뿐 아니라 어디를 어떤 루트로 가야 하는지, 근처에 어떤 맛집이 있는지 등 관광을 위한 정보를 자세히 조사한다. 물론 예약할 수 있는 것은 예약도 해 둔다. 지금이야 구글 맵에 찍고 저장하거나 메모장을 이용하여 URL을 기록하면 간단하지만, 예전엔 그러지 못했다.

스마트폰이 없던 시절, 아내와 일주일 여행을 준비할 때이다. 아내와 둘이 앉아 LA와 샌디에이고, 그리고 라스베이거스에서 가 보고 싶은 곳을 정했다. 대략적인 협의가 끝나고 그다음부터는 나만의 준비 시간이다. 인터넷에서 '맵퀘스트'를 열고, 가기로 한 장소를 찍고, 최적의 동선을 만들었다(구글 맵이 없던 시절, 당시에는 맵퀘스트라는 인터넷 지도가 있었다). 그리고 동선에 적합한 숙소를 찾아 예약하고, 보고 싶은 라스베이거스 쇼를 예매하는 것은 다음 순서였다. 이렇게 정리한 일정을 맵퀘스트로 출력하면 행선지와 행선지 사이의 루트가 상세히 나온다. 인터넷으로 바로바로 정보를 찾을 수 없던 시절, 이렇게 준비하다 보니 책 한 권 분량의 출력물이 나왔고, 그걸 제본하여 소중히 모시고 여행을 떠났던 것이다.

여행 중 아내의 역할은 렌터카 조수석에 앉아 지도와 프린트한 일정표의 맵퀘스트 지도를 보며 인간 네비게이터가 되어 안내를 하는 것. "할리우드 블루버드 타고 가다가, 하이랜드 애브뉴에서 우회전하면 오른쪽에 주차장이 보일 거야."

샌디에이고에서 라스베이거스로 이동하는 길에 이런 일도 있었다. 운전 거리가 제법 되다 보니 중간 지점에 주유소를 찾아서 들르도록 계획을 짜 뒀다. '계획대로' 계기판에 엔고(end-go) 등이 켜질 무렵, 하이웨이 옆 마을에 있는 주유소를 찾아서 내렸다. 예상했던 대로 계기판의 노란 신호가 붉은 신호로 바뀐 거라 걱정하지 않았다. 그러나! 지도상에 있던 그 마을은 '고스트타운'이 되어 있었다. 마을 어귀부터 인적은 어디에도 찾을 수 없었고 주유소도 닫혀 있었다. 벌써 어둑어둑해진 지 오래, 시간은 오후 8시가 넘어 있었다. 사막 지역이다 보니 일찍 해가 졌다. 전혀 예상 못 한 일이었다. 내가 세운 대책이란 에어컨을 끄고 남은 기름을 아끼는 정도. 가장 가까운 마을을 찾을 때까지 걸린 30여 분이 내 인생에서 가장 두려운 순간 중 하나였다. 칠흑 같은 산길 속 휴대폰 안테나마저 뜨지 않았으니….

예전엔 그렇게 혼자 짜던 여행 계획을 이번 샌프란시스코 여행을 준비하면서는 아이들과 분업했다. 팬데믹으로 3년간 미국이 어떻게 변했을지 조금 걱정스러웠지만, 마침 큰딸이 미국에서 석사 과정 공부를 하고 있고 둘째는 어학 연수 중 방학을 맞아 귀국해 있어서 역할 분담에 안심이 되었다. 이번 여행의 하이라이트는 나파밸리의 와이너리를 방문하는 것, 그리고 태평양이 보이는 하프문베이 골프장에서 석양을 바라보고 치는 티샷이었다.

와이너리, 골프, 미술관 방문 같은 큰 스케줄은 다 같이 모여서 일정을 합의한 다음, 항공권과 호텔 예약은 내가 맡고, SUV 렌트와 맛집 예약은 아이들이 맡기로 했다. 3년 만에 가족 여행을 계획하며 다들 너무 행복했다. 인터넷에서 와이너리며 하프문베이 골프장 사진을 찾아 보며 기대에 부풀었다.

그런데 샌프란시스코 공항 렌터카 센터에서부터 문제가 불거졌다. 아이에게 차 렌트를 맡기며, 우리 짐을 실어야 하기에 SUV가 좋겠다고 이야기해 두었다. 그런데 아이가 테슬라 모델 S를 빌려 놓은 것이다. 네 명의 짐을 실을 공간은 되었지만, 아내와 나의 골프백을 넣을 공간이 부족했다. 아이는 렌터카를 찾던 중,

아빠가 늘 동경하던 테슬라가 비싸지 않은 가격에 나와 있는 것을 보고, '깜짝 쇼'를 기대하며 약속했던 SUV가 아닌 테슬라를 예약했던 것이다. 아빠가 테슬라를 운전하며 신기해 하고 흥미로워 할 모습에만 집중한 것이다. 아빠를 놀라게 해 주려는 아이의 마음은 고마웠으나, 선의로 행한 결정이 우리 모두에게 시간 낭비와 비용 초과라는 좋지 못한 결과를 초래했다.

차량 교체가 안 되면 가족 중 누군가는 골프백과 함께 공항에서 기다리고 나머지는 호텔에 가서 짐을 풀고 다시 공항으로 와 남은 한 명과 골프백을 픽업해야만 할 상황. 다행히 렌터카 센터에 SUV 재고가 있어 차량을 교체하긴 했지만, 한 시간가량 지체되었고 추가 비용을 지불해야만 했다. 차량 교체를 무사히 해결한 뒤 SUV에 타고 샌프란시스코 다운타운으로 향하던 우리 가족은 예상치 못했던 해프닝에 박장대소하며 여행을 시작했다.

가족 여행의 해프닝은 즐거운 추억으로라도 남는다. 하지만 조직에서의 약속 불이행은, 이런 에피소드와는 달리 어마어마한 재앙을 불러일으킨다.

실제로 얼마 전 시스템 전체를 업그레이드하는 이벤트가 있었다. 모든 개발자들이 모여 자신이 참여해서 개발해야 하는 항목들을 약속하고, 개발 전후의 모든 프로토콜을 확인했다. 그러나 한 개발자가 자신이 발견한 기존 시스템의 작은 결함을 추가로 수정한 일로, 서비스에 장애가 발생했다. 해당 수정으로 네트워크 프로토콜에서 예상치 못한 결함이 발생했고, 사전 협의된 개발 범위 밖이라 위험 관리도 비켜 간 상황이었다. 그 개발자는 전체 시스템을 업그레이드하는 김에 단순한 결함까지 개선하여 완성도를 높이겠다는 의도로 작업을 수행했지만, 이는 다른 개발자들과의 약속을 벗어난 행동으로, 서비스 장애라는 치명적인 결과를 불러왔다. 이 장애로 신용카드 결제가 네 시간이나 안 되어 매출에 치명적인 영향을 끼쳤다.

약속을 하기 전까지는 어떠한 논쟁도 긍정적 효과가 있다. 하지만 약속을 했다면 '실행해야 할 책임'이 있다. 목표 달성을 위해 계획을 실행할 책임도 마찬가지다. 직장 생활에서의 약속은 무조건 지켜야 한다. 약속을 지킨다는 것은 목표 관리의 근간이 된다. 그래서 약속을 완벽히 지킨다는 것은 리더십에 반드시 필요한 기술이고, 이는 실질적이고 진정한 리더십의 원천이 된다. 진정한 리더는 예외 없이 약속을 지킨다.

그런 의미에서 '숫자'에 대한 약속 또한 리더가 책임지고 지켜야 되는 것이다. 달성하겠다고 약속한 것은 반드시 달성해야 한다. 약속한 바를 이루는 것이 경영이다. 계획 대비 '초과된 실적'만이 리더의 자신감과 능력의 원천이며, 실력을 측정할 수 있는 가장 좋은 척도이다.

이기는 리더는 다르다

2023년 초, 손흥민이 뛰고 있는 토트넘 홋스퍼의 안토니오 콘테 감독이 리그 최하위 팀과의 경기에서 3 대 1로 리드하다가 내리 두 골을 뺏기고 무승부를 거둔 후 미디어룸에서 기자들에게 이렇게 말했다. "용납할 수 없는 일이다. 내 커리어에서 이런 자질 미달의 선수들을 본 것은 처음이다. 이들은 팀이 아니다. 11명의 개인일 뿐이다."

마치 데자뷔처럼, 팀장 시절에 만났던 신임 부문장이 떠올랐다. 그는 부임해 오자마자 산하 모든 팀들에게 반성문(?)을 쓰게 했다. 표면적으로는 팀의 역할(R&R), 목표, 문제점, 개선 방안을 정리하는 목적이었지만, 실제로는 팀장들이 모이면 "너네 팀은 반성문 보고 통과했냐?" 하고 서로 물을 만큼 그 경험은 부정적인 인상을 주었다.

게다가 그 부문장은 자기 휘하 조직에 대한 부정적인 평가를 주변에 거리낌 없이 이야기했다. 팀들이 전략도 없고 일해 온 방식에 하나같이 문제점이 많다, 다들 근성이 없어서 어려운 일은 회피하려고만 한다, 많이 미숙하다, 가르치면서 일해야 하니 정말 힘들다… 이런 식으로 팀에 대한 험담을 공공연히 했다.

그것은 내가 지금까지 들은 리더의 말들 중 최악의 말이었다. 하지만 의외로 이런 말을 입에 달고 사는 리더들이 종종 있다. 회사에도 '낮에는 새'가 있고 '밤에는 쥐'가 있다. 비밀이 있을 수가 없다. 뒤에서 하는 말이라고 팀들이 모를 리 없다. 리더의 일거수일투족은 실시간으로 증폭되어 결국 구성원들에게 전달된다. 시작부터 그 부문장에 대한 존경과 신뢰는 무너져 버렸다.

부문장은 왜 그런 행동을 했을까? 그는 이전의 실적과 현황들은 모두 문제가 있는 것으로 간주했다. 이런 문제 덩어리들을 내가 맡아서 훌륭하게 성장시키고 성과를 만들어 냈으니 얼마나 대단한 사람으로 평가받을 수 있겠는가? 그는 부문의 성과가 저조할 가능성에 대비해 일종의 안전장치를 마련하고자 했을 것이다. 만약 성과가 부진하면 자연스럽게 그 책임을 구성원들에게 돌릴 수 있고, 반대로 성과가 우수하다면 미숙한 조직을 이끌어 성공을 거둔 리더로서의 공을 독차지할 수 있다. 어떤 결과가 나오든 본인의 입지는 보장되는 셈이다.

이러한 태도는 리더가 신뢰를 잃는 가장 빠른 방법 중 하나다. 구성원들을 뒤에서 힐난하는 리더치고 구성원들의 신뢰와 존경을 받는 사람을 본 적이 없다. 구성원들의 존경을 받지 못하는 리더는 절대로 구성원들의 헌신과 기여를 이끌어 낼 수 없다. 이런 리더는 본인은 열심히 할 수 있을지 모르나, 팀이 높은 성과를 내는 것을 기대하기는 어렵다. 또 문제를 해결하기 위해 조직을 비판하는 것이 아니라, 문제를 강조하는 것 자체가 목적이 되면서 실질적인 개선은 이루어지지 않는다.

그렇다면 신임 리더는 조직을 어떻게 진단해야 할까?

첫 번째로 중요한 것은 경청과 관찰이다. 구성원들에게 직접적인 문제 보고서를 요구하기보다는, 1 대 1 면담을 통해 팀원들의 고민과 의견을 듣고, 회의나 업무 진행 과정을 직접 살펴보며 문제점을 파악하는 것이 더 효과적이다. 또한 비판적인 시각보다는 "무엇을 개선할 수 있을까?"라는 열린 질문을 던지는 것이 바람직하다.

두 번째는 긍정적인 프레임을 활용하는 것이다. 조직의 문제를 지적하기보다는 개선과 성장의 기회로 바라보는 태도가 중요하다. 예를 들어, "우리 팀이 더 나아지기 위해 무엇이 필요할까요?" 또는 "여러분의 강점이 더욱 빛날 수 있도록 무엇을 지원할 수 있을까요?"와 같은 질문을 던지면, 팀원들이 방어적인 태도를 가지기보다는 적극적으로 해결책을 모색하는 분위기를 만들 수 있다.

세 번째로는 리더도 학습하는 자세를 갖는 것이다. 신임 리더는 조직을 평가하는 사람이 아니라 조직과 함께 성장하는 사람이어야 한다. 리더가 "저도 여러분과 함께 배우면서 성장하고 싶습니다. 여러분이 지금까지 쌓아 온 경험을 공유해 주시면 감사하겠습니다" 하는 태도를 보일 때, 조직은 더욱 신뢰하고 협력하는 분위기로 변화하게 된다.

결국, 신임 리더가 조직을 개선하는 과정에서 가장 중요한 요소는 '신뢰'이다. 조직을 부정적으로 평가하고 문제를 지적하는 것이 아니라, 구성원들과 함께 해결책을 찾아가는 과정이 필요하다. 리더가 구성원들에게 존중과 신뢰를 보일 때 조직의 태도도 긍정적으로 변한다.

"쏘니(손흥민)는, 뭐랄까, 모든 특장점을 가지고 있는 선수예요. 어떤 전술을 구사하든 다 맞추는 만능이에요. 오늘 경기는 쏘니와 메디슨의 합작골과 로메로의 자책골을 통해 쏘니의 모든 것을 보여 준 경기입니다. 힘든 상황이었지만 쏘니의 리더십으로 셋이 경기 내외적으로 뭉치는 모습을 보셨을 겁니다. 자책골과 PK(패널티킥)를 감내하고, 책임감(두 골)을 보여 줬죠. 짜증 내거나 험한 말로 기죽이지 않고 말이죠."

토트넘 홋스퍼의 새 감독 엔제 포스테코글루의 인터뷰이다. 이기는 리더는 다르다. 우선 선수들을 치켜세우고 칭찬한다.

> 현장 노트

리더가 더 얄미워 보이던 날

김종원 팀장 (원스토어 주식회사)

초겨울의 쌀쌀한 저녁, 중요한 서비스 정책 결정을 앞두고 있었다. 하나는 시장의 공정성을 우선하되 그룹사 내 다른 서비스에 손해를 줄 수 있는 정책이었고, 다른 하나는 회사의 매출과 목표 달성에 유리하지만 공정한 생태계를 해칠 수 있는 정책이었다.

  중요한 결정이었고 나는 고심에 고심을 거듭한 끝에 보고서를 완성했다. 나는 항상 플랜 A와 플랜 B를 함께 제시한다. 내 의견은 플랜 A이지만, 의사결정자의 선택권도 중요한 부분이고 각각의 장단점을 설명해야 객관적 의사결정을 할 수 있기 때문이다. 그리고 나는 그 의사결정을 돕는 사람이기 때문이다. 그런데 보고서를 쓰다 보면 어느새 플랜 B에 더 많은 시간을 쏟고 있는 나 자신을 발견한다. 어쩌면 나 역시 확신이 없다는 뜻일지도 모른다. 결국 보고서란, '나는 여기까지 고민했으니 이제는 당신이 책임지시오'라는 묵시적 메시지이기도 하다.

  반나절을 준비한 보고서를 들고 저녁 8시쯤 보고를 했다. 한 시간이 걸릴 보고는 아니지만 나는 40분 정도를 예상했다. 그리고 수많은 예상

Q&A를 준비했다. 계열사와의 마찰은 어떻게 풀 거지? 언론 반응은 어떻게 예상돼? 모두 준비돼 있었다.

하지만 놀랍게도 팀장은 A4 두 장짜리 보고서를 다 듣고 나서 단 한마디만 했다. "알았어. 네 마음대로 해."

걸린 시간은 정확히 7분 30초. 자리에 돌아오면서 복잡한 감정이 밀려왔다. 내가 몇 시간을 고민했는데, 겨우 7분? 관심이 없는 걸까, 그냥 퇴근하고 싶었던 걸까? 플랜 B는 듣지도 않네?

다음 날 아침, 예상대로 내 결정에 반대하는 의견이 나왔다. 나는 속으로 생각했다. 그래, 내가 어제 준비한 걸 이제 써먹을 수 있는 건가!

그때 팀장이 말했다. "어제 종원이에게 이 보고를 받았고 플랜 A로 진행하기로 결정했다. 난 종원이가 충분히 고민했다고 믿는다. 날 한 번도 실망시킨 적 없다. 그래서 플랜 B에 대해서 묻지 않았다. 앞으로도 묻지 않을 거다."

순간 뒤통수를 세게 한 대 맞은 기분이었다. 일은 내가 열심히 했는데 멋있는 척은 저 혼자 다한다. 팀장의 잘생긴 얼굴이 오늘따라 더 얄밉게 보인다.

믿음의 리더십은 많은 사람들이 말하지만, 막상 리더가 되어 보면 쉽지 않다. 믿음은 리더 혼자 만들어 내는 것이 아니라, 리더와 팔로워가 서로를 깊이 이해할 때 비로소 완성된다.

이 이야기를 들은 사람들은 종종 이렇게 말한다.

"그런 리더는 결국 이용당할 거야. 부하들이 머리 위에 올라설걸?"

하지만 나는 항상 같은 대답을 한다.

"아니요. 그 보고자는 다음번 보고서에 더 많은 시간을 투자할 겁니다. 그 믿음을 깨고 싶지 않거든요."

있으나 마나 한 리더가 최고다

최고의 리더는 똑똑하고 부지런한 '똑부 리더'가 아니라, 똑똑하고 게으른 '똑게 리더'이다. 주변에 '똑부 리더'가 너무 많다. 아니 대부분이 그렇다. 다들 화장실 갈 시간도 없을 만큼 바쁘다. 일이 많아서 부지런할 수밖에 없는 측면도 있지만, 자신이 나서지 않아도 좋을 일에 나서느라 공연히 바쁜 경우도 적지 않다. 쓸데없는 일을 많이 떠안고 그런 일에 시간을 많이 쓰는 셈이다.

올해 김 모 팀장의 '팀장 리더십 진단' 중 구성원들이 주관식으로 응답한 내용 중 일부인데, 팀장의 오지랖 넓은 부지런함에 대한 아쉬움들을 토로한다.

헌신적인 업무 진행, 시장에 대한 이해력, 현실에 맞는 의사결정, 솔선수범을 통한 리더십 발휘, 짧고 간략한 회의 진행, 팀원에 대한 인격적 존중 등 많은 장점이 있습니다. 다만, 명확하지 않은 유관부서 간의 업무 중복 시 대부분 우리 팀이 떠안는 결정으로 인해, 팀 자원이 집중되지 못해 팀 내 고유 업무 추진에 오히려 자원이 부족한 경우가 발생하기도 합니다.

업무에 대한 자기 완결적 처리 및 인접 부서와의 협업에 대한 책임감이 너무 강하다 보니, 타 조직의 부탁을 외면하지 못하고 업무를 지나치게 본인이 끌어안는 경향이 있음.

우선순위가 잘못된 경우도 많다. 안 해도 좋을 회의도 많이 한다. 열심히 살면서도 행여 여유가 생기면 마치 자신이 잘못 살고 있는 듯한 죄책감을 느끼고 불안해 한다. 빡빡하게 사는 것이 선(善)이라고 착각하고 산다.

리더는 지름이 큰 톱니바퀴이고 팀은 작은 톱니에 비유할 수 있다. 큰 톱니가 빨리 도니 그 밑에 있는 수많은 톱니들은 정신없이 돌다 지쳐 쓰러진다. 도대체 왜 이렇게 바빠야 하는지 이해도 하지 못한 채 열심히 돌기만 한다. 그렇게 정신없이 살다 보니 바쁜 이유도 모른다. 그것이 습관이 되면 "내가 없으면 지구가 돌지 않을 것"으로 착각하기까지 한다.

『하버드 비즈니스 리뷰』 1999년 11월호에 윌리엄 온켄과 도

널드 와스가 기고한 「누가 원숭이를 데리고 있나(Who's Got the Monkey?)」라는 유명한 기사가 실린 적이 있다. 그 기사에서는 책임과 업무를 '원숭이'에 비유한다. 팀장은 업무, 즉 원숭이를 정의한 후 팀원에게 원숭이를 관리하도록 맡겨야 한다고 강조한다.

한 팀원이 찾아와 "문제가 생겼는데 어떻게 처리해야 할지 모르겠어요" 하고 도움을 청한다. 팀장은 당장 문제를 해결하기엔 정보가 부족하니 "생각해 본 후에 피드백해 줄게요"라고 말한다. 그 순간 팀원 어깨 위에 있던 '원숭이'를 팀장 어깨로 옮기도록 허락한 것이다. 이제 그 업무는 팀장의 원숭이가 되었다. 팀원은 다음날 "어떻게 됐나요?"라고 물어볼 것이다. 이렇게 물어라도 보면 다행이다. 팀장이 피드백을 줄 때까지 일주일이든 이주일이든 기다리는 팀원이 부지기수다. 한참 시간이 흐른 후 팀장이 팀원을 불러 질문한다. "그때 그 문제 어떻게 되어 가나요?" 팀원은 이렇게 답한다. "팀장님이 답을 주신다고 해서 기다리고 있었어요."

이런 식으로 많은 원숭이를 데리고 있게 되면, 팀장은 왜 이렇게 바빠야 하는지 이유도 모른 채 그저 바쁘기만 할 뿐이다. 팀원들은 팀장이 원숭이를 해결해 주기만을 기다리다 피드백이 늦어지면 지치거나 좌절할 것이다.

물론 팀장이 팀원의 원숭이를 도와줄 수는 있겠지만 원숭이를 직접 관리하면 안 된다. 원숭이를 키우는 팀원들을 관리하는 것이 팀장의 역할이다.

신임 팀장들이 가장 어려워하는 점이 이것이다. 실무적으로 똑똑하고 부지런함을 인정받아 승진을 했으니 팀장이 된 후에도 자신 있는 건 물론 뛰어난 실무 능력일 것이다. 팀원들이 팀장에게 업무를 떠넘기는 것이 팀장 자신의 실무 능력을 존경하는 것으로 착각할 수도 있다. 또한 자신이 잘하던 실무 능력을 뽐내다 보면, 급한 마음에 팀원의 원숭이를 빼앗기도 한다.

그러나 팀장이 팀원의 원숭이를 데려와 아무리 빠르게 대신 처리해 준다 해도 팀 성과에 원숭이 한 마리를 더한 결과일 뿐이다. 반면 팀장이 팀 내의 모든 구성원이 원숭이를 한 마리씩 더 처리할 수 있도록 효과적으로 관리하고 지원한다면 팀 내에서 소화할 수 있는 원숭이의 수는 곱하기로 늘어나는 것이다.

회의나 면담을 마칠 때마다 습관처럼 혼잣말로 질문한다. "내 어깨에 남아 있는 원숭이가 있나?" 구성원들의 일을 대신 하지 않고, 구성원들이 그들의 원숭이를 잘 키울 수 있는 판을 깔아 주기 위한 나만의 노하우이다.

리더들이 해야 할 일은 구성원이 키우는 원숭이가 손오공이 되어 자유롭게 날아다닐 수 있도록 판을 점점 더 크게 만드는 것이다. 구성원이 마음껏 능력을 발휘할 수 있는 판을 만들고, 한 걸음 물러서서 참고 지켜보는 것이 리더의 역할임을 잊지 말자.

현장 노트

리더십은 환경을 만드는 것

이석준 상무 (FOCUS AI)

제가 처음 프로젝트 리더로 PM 조직을 맡았을 때였습니다. 당시 저는 '성과 압박'과 '프로젝트 팀 사기' 사이에서 균형을 잡지 못해 스스로도 방향을 잃어 가던 시기였습니다. 그때 대표님은 따로 불러 조언을 주셨습니다.

"리더가 방향을 제시하면 나머지는 팀이 만든다. 모든 걸 직접 컨트롤하려 들면 팀은 멈춰 버린다."

그 한마디가 지금의 제 리더십 철학의 기초가 되었습니다.

대표님은 구성원들이 스스로 동기를 부여하고 스스로 에너지를 만들어 내도록 환경을 조성해 주셨습니다. 당시 저희 팀이 새로운 프로젝트를 준비할 때, 세세한 지시 대신 "이 방향만은 꼭 지켜보자"는 큰 틀을 제시해 주고는 전적으로 우리에게 맡기셨죠. 그 믿음이 우리 팀을 더욱 주도적으로 움직이게 만들었습니다.

이러한 경험을 통해 저는 '리더십은 결국 사람을 움직이는 환경을 만드는 것'이라는 걸 배웠습니다. 지금 제가 맡고 있는 조직에서도 그 철학을 최대한 실천하려 노력하고 있습니다. 구성원들이 자발적으로 움직일 수 있는 환경을 만드는 것, 그것이 제가 계속 배워 가고 있는 리더의 길입니다.

가장 나쁜 결정은
결정하지 않는 것이다

"가장 나쁜 결정은 결정하지 않는 것이다(Bad decision is better than no decision)." 내 오랜 좌우명이다. 좌고우면하지 말고 빨리 결정하고 빨리 판단하자는 것이다.

우리 회사의 서비스형 복지 플랫폼인 베네피아에서, 고객인 대기업 구성원들이 복지 포인트를 사용하는 방법은 두 가지이다. 등록된 신용카드로 오프라인에서 사용한 후 베네피아에서 정산 신청을 하거나, 베네피아 온라인 직영 몰에서 직접 서비스를 구매하는 방법이다. 우리는 복지 포인트 운영 대행 사업을 오래 해왔기 때문에, 대부분의 고객들은 오프라인에서 신용카드를 사용하고 베네피아 앱에 와서 카드 사용분을 정산하는 패턴을 선호했다.

베네피아 앱을 개선하고 난 후 우리는 고객들이 오프라인에서 포인트를 사용하는 대신, 앱에 접속해서 포인트를 사용하기를 기대했다. 이를 촉진하기 위해 N페이를 베네피아 앱에 적용했다. 데이터를 보면 N페이는 MZ 세대들이 온라인에서 많이 사용하는 결제 수단이다. 이를 적용하면 오프라인에서 신용카드로 베네피아 포인트를 사용하는 고객들의 앱 사용률이 높아질 것이라고 나는 '가설'을 세웠다. 오프라인 고객들의 N페이 사용 비율이 50퍼센트를 넘었기 때문에 내 가설이 맞을 거라고 판단했다. 그러나 3개월 후, 기존 온라인 고객들이 오히려 N페이로 이탈했고, 기대했던 오프라인 고객들은 반응하지 않았다. 나는 내 가설이 잘못되었다는 것을 빨리 인정하고 전략을 수정했다.

의사결정의 생명은 속도다. 그리고 시행착오를 겪은 후 결정을 수정할 때에도 역시 속도가 중요하다.

기업의 경영에서 '정답'은 없다. 정보와 데이터는 언제나 부족하다. 모든 것을 미리 알 수도 없고 완벽한 예측을 할 수도 없다. 그렇기 때문에 리더는 자기 나름의 가설을 세우고, 빠르게 데이터를 수집할 수 있는 환경을 만들어야 한다.

수년 전 스탠퍼드대학의 SMM 과정에서 교육을 받았다. 구글의 혁신 전문가 알베르토 사보이아는 수업에서 '가설을 세우고 나만의 데이터를 확보'하는 최고의 방법론으로 '프리토타이핑(Pretotyping) 기법'을 소개했다. 프리토타이핑은 시제품을 의미하는 프로토타입(prototype)에서 파생한 단어이다. 시제품을 만드는 전 단계에서 제품의 가장 단순한 버전을 만들어, 저렴한 비용으로 아이디어를 테스트하는 것을 의미한다. 그는 타인의 의견에 의존하지 말고 나만의 데이터를 기준으로 의사결정을 해야 한다고 강조했다. 프리토타이핑 기법으로 가설 검증을 위한 나만의 데이터를 확보하여 빠르게 의사결정을 하라는 것이다.

그가 진행한 1일 워크숍의 과제는 이러했다. "미국 캘리포니아 주의 맥도날드 매장에서 맥 스파게티 출시를 고려하고 있다. 맥 스파게티 출시 여부를 결정할 수 있는 나만의 데이터를, 가장 싸고 빠르게 확보할 방안을 제시하라."

캘리포니아 주는 남미 출신 이민자들이 많아서 스파게티에 친근하고, 이들이 맥도날드를 애용하는 고객층과 겹치기 때문에, 스파게티 상품을 판매하면 매출이 늘어날 것이라는 게 가설이었다. 전통적인 가설 검증 방법을 따른다면, 가성비 좋은 스파게티 상품을 먼저 개발하고, 사람들을 불러 품평회를 열어 반응이 좋으면 신상품을 출시하는 과정을 생각할 수 있을 것이다. 하지만 상품 개발 이후 고객 반응을 검증할 때쯤이면, 이미 많은 시간과 돈이 투여된 상황이다. 반응이 좋든 나쁘든 매몰 비용이 너무 크다. 이 워크숍에서는 매몰 비용을 최소화하여 맥 스파게티 출시 여부를 의사결정할 수 있는 방안을 제시하는 팀에게 시상하는 것으로 평가가 진행되었다.

매장에 스파게티 메뉴를 붙여 놓되 편의점에서 전자레인지용 스파게티를 구입해서 판매하고, 그 판매 데이터를 확보하자는 제안이 몇몇 팀에서 나왔다. 고객 반응을 알아보기 위해 투입될 신상품 개발 리소스를 피하자는 아이디어였다. 반면, 우리 팀의 제안은 그냥 메뉴판에 '맥 스파게티'란 메뉴만 추가하는 것이었다. 실제 제품은 없다. 편의점 스파게티도 필요 없다. 매장에서 맥 스파게티 주문이 들어오면 "솔드아웃되었다. 대신 할인 쿠폰을 드릴 테니 다음번에 사용하시라"고 응대하는 것으로 프로세스를 잡았고, 맥 스파게티 주문을 받을 때마다 "혹시 지난번에도 주문하신 적이 있는지" 질문하도록 한다. 매일 정산 시 할인 쿠폰이 몇 장 발급되었는지 확인하고, 재구매 여부를 카운트하기만 하면 된다. 알베르토는 재구매 여부까지 확인하자는 우리 팀 제안에 가장 높은 점수를 주었다.

위의 프리토타이핑을 일정 기간 실행하면 구매 고객의 수, 재구매율 등의 고객 경험 데이터를 확보할 수 있다. 가설에 고객 경험 데이터가 더해지면 가설의 정답 여부가 증명된다. 그 다음에는 리더의 직관과 데이터 분석에 근거하여 결정하면 된다.

그런데 현실에서 리더들은 대부분 "정보가 조금만 더 있으면 의사결정을 더 잘할 수 있다"라고 생각한다. 하지만 더 많은 정보에 집착하다 보면 결정이 지연되고 프로젝트의 골든타임을 놓쳐 실패하기 일쑤다. 중요한 것은 제때에 결정을 내릴 수 있는 리더의 과감성이다. 나는 이것을 리더의 책임감으로 본다.

비즈니스는 기본적으로 리스크를 내재하고 있다. 비즈니스의 실패는 판단 착오가 아니라 두려움 때문에 적시에 의사결정을 내리지 못해서 발생하는 경우가 대부분이다. 경영을 잘하려면 물론 돌다리도 두드려 보고 건너야 한다. 그러나 돌다리를 두드리느라 시간만 허비하고 때를 놓치는 리더를 구성원들은 결코 믿고 따를 수 없다. 먼저 몇 가지 가설로 압축한 다음, 늘 부족할 수밖에 없는 자원을 효율적으로 집중하여 가설을 검증하는 훈련을 통해 적시에 의사결정을 할 수 있는 과감성을 키워 보자.

현장 노트

미루지 않는 리더십

김웅 대표 (레페토AI)

함께 일하며 가장 인상 깊었던 것은 박정민 대표님의 의사결정 방식이었습니다. "이 회의에서 반드시 결론을 내고 나가자"는 말씀으로 시작되는 회의는 언제나 긴장감과 동시에 신뢰를 주었습니다.

특히 기억에 남는 순간이 있습니다. 안드로이드 OS의 메이저 버전 업그레이드를 앞두고 티스토어 개편을 논의하던 때였습니다. 새로운 OS에 맞춰 티스토어를 전면 개편할지, 아니면 최소한의 호환성 작업만 할지를 두고 팀 내 의견이 갈렸습니다. 대규모 개편에 따른 리스크를 우려하는 목소리와 이 기회에 경쟁력을 확보하자는 목소리가 팽팽했습니다.

보통은 "사용자 반응을 더 지켜보자", "다음 분기에 다시 검토하자"며 결론을 미루기 쉬운 상황이었습니다. 하지만 대표님은 모든 의견을 경청한 후, "OS 전환 시기에 함께 바꾸지 않으면 기회를 놓친다"며 전면 개편을 결정했습니다. 그리고 "문제가 생기면 2주 안에 수정한다"는 명확한 기준까지 제시하며 즉시 실행에 들어갔습니다.

빠른 결정 덕분에 새로운 OS 출시와 동시에 개편된 티스토어를 선보일 수 있었고, 초기 이슈도 신속한 대응으로 극복했습니다. 그때 대표님께 배운 것은 '완벽한 결정'보다 '적시의 결정'이 더 중요하다는 것입니다.

내 별명은 울보다

2014년 12월의 어느 밤, 산속에 있는 회사 연수원에서 2박 3일간 워크숍 겸 임원 송년회 행사가 열렸다. 나는 3년차 임원이었다. CEO는 흥청망청하는 연말 모임 대신 차분하고 따뜻한 송년회를 원했다. 그래서 신임 임원 세 명의 가족들에게 비밀리에 영상 편지를 부탁했다. 둘째 날 저녁. 송년회에서 몇 순배 술이 돈 후, 조명이 어두워지며 영상이 재생되었다.

영상 속에서 한 신임 임원의 어린 딸은 "아빠와 시간을 많이 보내지 못해 슬프지만, 가족을 위해 노력해 주셔서 고맙고, 나도 얼른 커서 아빠를 돕고 싶어요"라고 말했다. 송년회장의 공기는 순간 뭉클하게 변했다. 일부 임원들은 눈시울을 붉혔고, CEO는 흐뭇한 표정을 지었다. 그때, 한쪽 구석에서 엉엉 우는 소리가 터졌다. 아이들의 편지에 감정이 북받친 내가 대성통곡을 해 버린 것이다. 연수원 송년회장의 분위기는 차분한 감성 드라마에서 한 순간에 슬랩스틱 코미디로 바뀌었지만, 웃음 섞인 따뜻함이었다. 내 울음은 다른 임원들의 스마트폰에 고스란히 담겼다.

행사 이후, 그 자리에 있던 몇몇 임원들은 나에게 다가와 마음을 열었다. 평소엔 경쟁 관계로 서먹했던 이들도, 내 엉뚱한 눈물 덕분에 경계심을 풀고 솔직한 대화를 나누었다. 사람 냄새 나서 좋았다고 했다. 생각해 보면, 그날 내 울음은 어색한 벽을 허물고 사람들 사이에 다리를 놓은 셈이었다.

많은 사람들이 AI 시대의 리더는 더 냉정하고 더 효율적이어야 한다고 생각한다. 그러나 오히려 사람들은 점점 더 사람다운 리더를 갈망하게 될 것이다. 기술은 정보를 제공하지만, 감정은 관계를 만든다. 기계는 데이터를 분석할 수 있지만, 누군가의 떨리는 목소리, 주저하는 눈빛, 벅찬 마음을 알아차리고 함께 울 수는 없다. 그리고 바로 그 차이가 사람을 이끄는 진짜 힘이 된다.

리더십을 논할 때 많은 사람들이 '공감'을 이야기한다. 하지만 현장에서 공감을 느끼는 리더는 많지 않다. 대부분은 공감을 이해하려고만 한다. '저 사람 힘들겠지'라고 생각하는 것과 그 힘듦이 마치 내 일처럼 느껴지는 것은 전혀 다른 차원이다. 진짜 감정이입은 상대의 감정이 내 안에 진동처럼 울리는 것이다. 슬픈 이야기를 들었을 때 괜히 눈시울이 뜨거워지고, 팀원이 좌절했을 때 내 가슴도 같이 답답해지는 것. 감정이입은 머리로 계산하는 것이 아니라 마음으로 반응하는 것이다.

감정이입을 통해 리더는 세 가지 중요한 힘을 얻게 된다. 첫째, 신뢰다. 사람은 본능적으로 자신을 이해해 주려는 사람을 믿는다. 억지로 얻으려 하지 않아도, 감정이입을 하는 리더에게는 자연스럽게 신뢰가 모인다. 둘째, 동기부여다. 공감을 받은 사람은 스스로 움직인다. 칭찬과 보상보다 강력한 힘이다. 누군가 "네 마음을 안다"고 진심으로 말해 줄 때, 사람은 다시 일어설 힘을 얻는다. 셋째, 회복 탄력성이다. 위기 상황에서도 팀이 무너지지 않는 이유는, 서로가 서로의 마음을 이해하고 지탱하기 때문이다. 감정이입이 단단한 공동체를 만든다.

이 경험을 통해 나는 중요한 교훈을 얻었다. 감정이입 없이는 진정한 리더십도 존재할 수 없다는 것이다. 리더는 단지 목표를 설정하고 지시하는 존재가 아니라, 사람의 마음을 움직이고 서로를 연결하는 다리여야 한다. 눈물을 흘렸던 그날 밤, 나는 머리가 아니라 가슴으로 사람을 이끄는 방법을 조금 배웠다.

현장 노트

두 면을 품은 리더

김교수 사업총괄 (SK플래닛)

강인한 카리스마와 깊은 감성을 동시에 지닌 리더가 있습니다. 누구보다 멋진 위상과 품격으로 조직을 이끌며, 결정의 순간에는 단호하고 흔들림 없는 모습으로 모두의 신뢰를 얻습니다. 본인의 사무실(지금 제가 4년째 그대로 사용하고 있는) 벽에 있는 글귀 "The Buck Stops Here!(모든 책임은 내가 진다!)"처럼.

그러나 그 강인함 뒤에는 사람을 진심으로 사랑하고 소중히 여기는 따뜻한 마음이 있습니다. 팀의 작은 성장에도 함께 기뻐하고, 구성원의 고통과 눈물 앞에서는 마음을 열어 공감할 줄 아는 리더. 후배인 내겐 나의 약점을 뼈때리게 이야기하지만, 조직에게는 그 약점을 자기가 조직을 위해서 일부러 그렇게 행동하게 했다고 말할 수 있는 사람.

멋진 품격과 따뜻한 눈물, 이 두 가지를 겸비한 리더가 만들어 가는 조직은 강하지만 따뜻하며 성과와 인간미가 조화를 이룹니다. 이런 리더와 함께할 수 있다는 것은 팀에게 큰 행운이며, 그 진정성 있는 리더십이 모두에게 영감과 용기를 주었습니다.

강함 속의 따뜻함, 품격 속의 진심. 그것이 바로 이 리더를 특별하게 만드는 힘입니다. 박정민이라는 사람은 내게 '멋진 가오'와 '눈물 많은 리더'라는 두 면을 품은 리더입니다.

정직이
최선의 정책

리더에게 위기는 일상이다. 하루에도 크고 작은 사건이 터지고, 그때마다 가장 적합한 해결책을 찾아야 한다. 어떤 문제는 금방 끝나지만, 까다로운 일은 한 달 혹은 몇 개월씩 이어지기도 한다. 위기 상황에서 리더가 가장 먼저 해야 할 일은 감정을 다스리는 것이다. 화를 내는 순간 구성원들은 리더에게 솔직하게 보고하기보다 숨기게 되고, 그 결과 문제는 표면 아래로 가라앉아 더 깊이 썩는다.

위기의 풍랑 앞에서도 '정직이 최선의 정책'이라는 원칙을 지키고, 구성원 모두가 그 원칙을 행동으로 옮길 수 있도록 조직을 단련시켜야 한다. 이를 위해, 보고 체계와 전결 기준을 명확히 하고, 반복적으로 훈련해야 한다. 그렇게 해야 즉시 보고가 조직의 습관이 되고, 누구나 담대하게 문제와 마주할 수 있다.

나에게는 리더 생활 동안 지켜 온 철칙이 하나 있다. 사고나 장애를 '즉시 보고'하지 않으면 불같이 화를 낸다. 해당 라인 전체를 불러 경고한다. 장애는 피할 수 없는 일이지만, 보고 지연은 그 자체로 용납할 수 없는 잘못이기 때문이다. 물론 사람의 실수로 발생한 인재라면, 사고를 수습한 후에 책임을 묻는다. 하지만 장애가 발생한 시점에 화를 내거나, 원인을 규명하겠다며 사람들을 불러 모아 시간을 빼앗는 일은 절대 하지 않는다.

이 원칙이 단순한 구호로 끝나지 않으려면 미리 규칙을 정해 두어야 한다. 어떤 문제는 팀장 전결로 해결할 수 있는지, 어떤 건 본부장 전결인지, 부문장 전결인지, 그리고 어떤 건 사장이 반드시 알아야 하는 사안인지 명확히 구분한다. 이를 RM(Risk Management) 프로세스라 부르며, 리더들에게 철저히 학습시킨다. 이렇게 해야 보고의 속도가 균일해지고, 위기 대응이 조직의 본능처럼 작동한다.

실제로 예기치 않은 문제가 생기면 사람들의 반응은 크게 네 가지로 나뉜다. 당황해서 우왕좌왕하거나, 혼자 해결하려 하거나, 문제를 덮으려 하거나, 조용히 수습해 외부로 번지지 않게 하려는 것이다. 그러나 문제의 본질은 '시간'과 '정보'다. 빠른 보고와 정확한 상황 공유가 없으면, 조직은 대응 속도를 잃고 잘못된 결정을 내릴 확률이 급격히 높아진다.

내가 목격한 한 사례가 있다. 모바일 앱카드 서비스를 새롭게 출시했을 때였다. 당시 이 서비스는 시장에서 보기 드문 혁신이었고, 담당 임원은 사용량과 수익 구조를 꼼꼼히 계산해 카드사와 계약을 체결했다. 그러나 막상 출시하자 예상보다 훨씬 많은 고객이 몰렸다. 좋은 혜택 덕분에 사용량이 폭증했고, 카드사에서 받는 수수료로는 혜택 비용을 감당할 수 없게 됐다.

그때가 승부처였다. 문제를 즉시 보고했다면 회사는 카드사와의 조건을 다시 협의하거나 혜택 구조를 조정해 손실을 최소화했을 것이다. 그러나 담당 임원은 솔직하지 못했다. 속이려는 의도라기보다는 스스로 해결해 보겠다는 생각이 강했다. 하지만 위기 상황에서 '혼자 해결하겠다'는 선택은 곧 보고 지연을 낳고, 보고 지연은 곧 잘못된 대응의 시작점이 된다. 그는 카드사에 가서 수수료 인상을 요구했고, 카드사는 5퍼센트 인상에는 응했지만, 그 대가로 계약 기간을 2년에서 5년으로 늘리자고 했다.

겉으로는 양쪽이 '윈-윈'한 것처럼 보였지만, 실상은 카드사의 치밀한 계산이었다. 원래 계약이 2년이었기 때문에, 2년이 지나면 우리는 빠지고 카드사가 모든 비용을 떠안아야 하는 구조였다. 그러나 우리보다 먼저 고객 데이터를 실시간으로 확인할 수 있는 카드사는 사용률 폭증을 이미 알고 있었다. 그들은 5퍼센트 인상이라는 당근을 주는 척하며, 계약 기간을 2년에서 5년(발급된 카드가 만료되는 시점)으로 연장했다. 이는 손실을 조금이라도 나누려는 것이 아니라, 우리를 끝까지 비용처로 붙잡아 두려는 전략이었다. 결국 5퍼센트 인상은 아무런 의미가 없었고, 회사는 예상보다 훨씬 큰 손실을 떠안게 됐다.

이 사건은 한 가지 진실을 알려 준다. 리더십에서 중요한 건 '혼자 해결하는 능력'이 아니라 '투명하게 공유하는 용기'다. 문제가 드러나는 순간은 불편하고 체면이 깎이는 것처럼 느껴질 수 있다. 그러나 진짜 위기는 문제를 숨기는 순간 시작된다. 보고가 늦어질수록 선택지는 줄어들고, 비용은 눈덩이처럼 불어난다.

정직은 단순히 도덕적인 미덕이 아니다. 위기에서 조직을 지키는 가장 경제적이고 실용적인 전략이다. 솔직하게 보고하고 사실을 있는 그대로 드러내는 문화가 있는 조직은 문제가 커지기 전에 움직인다. 리더의 침착함과 구성원의 정직함이 결합할 때, 위기는 위협이 아니라 성장의 계기가 된다.

제발 결론부터 말해 줘!
보고의 기본은 두괄식

MBA 과정 중, '엘리베이터 피치'는 대개 필수 과목에 포함되어 있다. 엘리베이터 피치는 엘리베이터가 이동하는 아주 짧은 시간(30초~1분) 이내에 자신의 아이디어를 전달하는 스피치를 뜻한다. 이 수업의 목표는 엘리베이터에서 내리기 전에 투자자의 명함을 받고 다음 미팅 기회를 잡는 것이다. 실제 수업에서는 반복하여 실습하면서, 짧은 시간 동안 나의 메시지를 상대방에게 전달하는 훈련을 한다. 그만큼 자신의 메시지를 간결하게 핵심만 전달하는 것이 비즈니스 세계에서는 중요하다는 것을 반증한다. MIT 슬론 경영대학원에서는 특히 엘리베이터 피치의 중요성을 강조하며 그 일환으로 'MIT $100K Entrepreneurship Pitch Contest'를 매년 개최하기까지 한다.

'소통'하는 것과 '보고'하는 것은 다르다. 대부분의 리더들은 하루에도 수백 건의 보고를 받는다. 보고에는 대면 보고, 화상 보고, 이메일 보고가 주를 이루고, 요즘은 카톡이나 문자 메시지로도 정보를 주고받는다. 이메일은 내가 수신자인 경우뿐만 아니라 참조까지 포함하면 하루에 100건은 족히 넘는다. 여러 단체 대화방에서 보고되는 정보 공유를 제외하더라도, 그 수는 무지막지하다. 때에 따라서는 여러 미팅에 참석해야 하는 날들도 있기 때문에, 제한된 시간에 많은 업무를 처리하려면 효율성이 필수다. 그렇게 하지 않으면, 해야 할 일들이 계속 쌓일 수밖에 없다.

시간은 가장 희소하면서도 비싼 자원이다. 누구 하나 바쁘지 않은 사람이 없다. 그래서 당부하는 것 중 하나가, 보고할 때에는 결론부터 말하라는 것이다. 핵심을 얘기하기 위해 서두부터 길게 늘일 필요가 없다.

"사장님, 급하게 보고 드릴 것이 있어서 왔습니다."
"어서 오게. 무슨 일인데?"
"저희 본부는 지난 몇 달 동안 열심히 노력해 왔고, 팀들은 정말 힘들게 일했습니다. 야근을 당연시하고, 주말도 희생하면서요."
"고생했네."
"그런데 고객사의 요구 사항이 변경되면서 프로젝트는 예상보다 더 복잡하게 진행되었고, 예산 초과와 일정 지연이 발생했습니다. 그리고 팀 간의 의사소통 문제도 있었습니다. 그에 따라 저희는 추가 예산을 투입해야 했고, 일정은 지연되었습니다."

"그랬었군."

"하지만, 좋은 소식입니다. 고객사에서 저희 프로젝트 결과물에 만족하며 2차 과제도 같이 하자고 합니다. 진행 과정에 우여곡절이 있었지만, 결과적으로 우리 프로젝트는 예상보다 더 큰 성과를 얻었습니다."

리더를 절망의 끝까지 밀어붙인 후 승리의 기쁨을 전해 줘서 고맙긴 하지만, 까딱하면 숨이 넘어갈 것 같다. '굿 뉴스'인지 '배드 뉴스'인지 끝까지 참고 들어야 한다. 이렇게 보고를 받는 리더는 끝까지 긴장할 수밖에 없다.

한 마디, 한 문장이면 할 수 있는 보고를, 굳이 길게 늘여서 바쁜 리더를 긴장시킬 필요는 없다. 마지막 문장을 인내하며 기다리는 리더에게 그 시간은 얼마나 비효율적인 시간인가? 이야기 순서를 바꿔 보자.

"사장님, 좋은 소식이 있어서 급하게 들어왔습니다."

"좋은 소식이라고? 기대되는군!"

"이번 프로젝트 결과에 대해서 고객사에서 만족하며 2차 과제도 같이 하자고 합니다. 진행 과정에 우여곡절이 있었지만, 결과적으로 우리 프로젝트는 예상보다 더 큰 성과를 얻었습니다."

"축하하네. 힘든 점은 없었나?"

"고객사의 요구 조건이 변경되면서 프로젝트는 예상보다 더 복잡하게 진행되었고, 예산 초과와 일정 지연이 발생했습니다."

구두 보고의 예를 들었지만, 이메일 보고도 마찬가지다. 이메일을 쓸 때에도 결론부터 먼저 말해야 한다. 이메일을 끝까지 읽는 데 시간을 낭비하도록 하지 말고, 최대한 시간을 단축하려고 서로 노력해야 한다.

물론 심도 있게 여러 정보를 확인하고, 여러 번의 보고와 검토, 논의를 통해 결정해야 할 때도 있다. 하지만 대부분의 일은 그렇지 않다. 특히 상사에게 보고할 때에는 상사가 원하는 정보만 간단명료하게 전달해야 한다.

2부
팀을 움직이다

구성원을
의사결정 과정에 포함시켜라

퇴근 시간, 을지로에서 압구정동으로 가려고 택시를 탄 적이 있다. 기사님이 말했다. "이 시간엔 한남대교가 막히니까 동호대교 건너서 갈게요." 운 좋게 동호대교가 뚫려 있다면 다행이지만, 만약 동호대교까지 막힌다면 나는 이렇게 생각할 것이다. "에잇, 한남대교로 갔어야 했는데."

그러나 만약 기사님이 이렇게 물어봤다면 어땠을까? "한남대교로 갈까요, 동호대교로 갈까요?" 나는 폰을 확인하고 말했을 것이다. "티맵 보니 동호대교가 나아 보이네요." 그렇게 동호대교를 선택하고 나서 예상과 달리 길이 꽉 막힌다면? 물론 불편하겠지만 불만은 훨씬 덜할 것이다. 왜냐하면 내가 스스로 결정했기 때문이다.

경영 환경에서도 유사한 일은 비일비재하다. 본부장 시절, 신제품 출시 시기를 결정하는 회의가 열렸다. 마케팅팀은 시장 반응을 고려하여 출시를 앞당길 것을 제안했고, 반면 개발팀은 품질 안정성을 이유로 출시를 늦출 것을 주장했다.

당시 나는 이렇게 판단했다. "QA(Quality Assurance) 시간을 줄이더라도 하루빨리 출시한 후 고객 반응을 보고 빠르게 개선하는 것이 옳다." 그래서 회의에서 이렇게 말했다. "마케팅팀 의견을 반영해 일정을 앞당기겠습니다. 개발팀은 최대한 맞춰 주세요."

결과적으로 일정이 촉박해지고 예기치 않은 문제들이 발생하면서 개발팀은 며칠 밤을 새워야 했다. 개발팀에서는 불만이 터져 나왔다. "애초부터 되지도 않을 일정을 마케팅팀 얘기만 듣고 밀어붙이더니, 결국 문제 해결은 우리 몫이잖아." 팀원들은 프로젝트 자체에 대한 책임감을 느끼기보다 자신들이 배제된 결정이기 때문에 불만을 품게 된 것이다.

하지만 만약 내가 이렇게 접근했다면 어땠을까? "출시 시기에 대한 여러분의 의견을 듣고 싶습니다. 어떤 방안이 최선일까요?" 각 팀이 논의한 끝에 출시 일정을 일부 조정하는 절충안이 도출되었을 수도 있다. 그리고 일정이 빠듯하더라도, 개발팀은 스스로 의사결정 과정에 참여했다는 점에서 더 책임감을 가지고 임했을 것이다. 설혹 마케팅팀의 의견대로 일정이 앞당겨졌다고 해도, 개발팀이 단순히 불만을 품기보다는 결정 과정에 참여한 이상, 그 결정을 이해하고 수용할 확률이 높다.

의사결정 참여가 동기부여와 책임감을 만든다. 사람들은 자신이 직접 결정한 일에는 더 큰 동기를 얻고 책임감을 갖는다. 설령 최종 결정이 자신의 의견과 다르게 내려지더라도, 의사결정 과정에 포함되었는지 여부는 그 결정에 대한 수용도와 몰입도를 좌우하는 핵심 요소다.

조직에서 리더가 모든 결정을 독단적으로 내린다면, 구성원들은 단순히 지시에 따르는 존재가 된다. 그러면 문제가 발생할 경우 책임을 회피하거나 결정권자에게 불만을 갖기 쉽다. 반면, 리더가 구성원들을 의사결정 과정에 참여시킨다면 그들은 단순한 실행자가 아니라 '주인의식'을 가진 협력자로 변한다.

좋은 리더십이란 모든 해답을 제시하는 것이 아니라, 구성원들이 함께 답을 찾아가도록 이끄는 것이다. 의사결정 과정에 구성원을 포함시키는 것은 단순한 절차가 아니라, 조직이 더욱 건강하고 강한 책임감을 가진 팀으로 성장하는 핵심 전략이다.

네거티브 피드백

골프는 참 희한한 운동이다. 골프채를 한 번이라도 휘둘러 본 사람이라면 동반자의 스윙에 대해 뭔가 가르치려 들기 때문이다.

아내를 처음으로 골프장 라운드에 데려간 날이었다. 아내의 첫 티샷이 떠서 앞으로 날아가는 걸 보며, 내 첫 라운드보다는 훨씬 낫구나 하고 생각했다. 오히려 아이언샷들이 난제였다. 몇 번을 쳐서 그린 근처에 가서는 공을 집어 들고 그린 위에서 퍼팅을 해 보라고 권하며 첫 번째 홀을 마쳤다. 같은 패턴으로 몇 홀을 돌고 나니 아내는 심리적 안정을 찾은 듯 보였다. 그런데 5번 홀 티박스에서는 내 티샷 스윙을 보고는 몸에 너무 힘이 들어 있다며, 힘을 빼고 헤드업하지 말고 쳐 보라고 충고를 하는 것이었다!

골퍼들의 '절대 매너 룰'이 있다. 동반자가 요청하지 않으면 함부로 가르치려 들지 말라는 것이다. 즉 상대방이 원할 때에만 충고든 뭐든 하라는 얘기다.

피드백도 마찬가지다. 효과적인 피드백은 상대방이 적극적으로 요청할 때 하는 피드백이다. 적극적인 요청이 있을 때 하는 피드백은, 그러지 않은 경우보다 주는 사람과 받는 사람 모두 심리적으로 더 안전한 기분이 든다. 받는 사람 입장에서는, 피드백 내용을 더욱 능동적으로 자신의 것으로 소화할 수 있다.

피드백을 해 달라고 요청받으면 좋겠지만, 현실에서 상대방이 먼저 피드백을 적극 요청하는 경우는 사실 드물다. 그래서 '언제, 어떻게' 피드백을 해야 하나 고민이 된다. 잘못했을 때 바로바로 말하자니 하루 종일 잔소리꾼이 될 것 같고, 그렇다고 잘못한 행동을 적어 뒀다가 한 번에 몰아서 말하자니 그것도 괜히 일을 만드는 것 같다. 피드백은 즉시 하는 것이 효과적이다.

잘못된 피드백은 사건을 키운다. 가정에서 흔한 대화. "너는 항상 물건을 아무 데나 둬서 찾게 만드니?" 이런 피드백은 다음과 같은 반응을 불러오기 십상이다. "아빠, 내가 언제 그랬어?" 그나마 가정이니 대꾸나 하지, 회사 내에서 부정확한 기억에 의존한 피드백을 하는 것은 위험천만한 일이다. 이런 피드백을 들었을 때 상대방이 '내가 언제 그랬지?' 하며 잘못된 행동을 했던 걸 기억해 내고 반성하려 할까? 전혀 아니다. 오히려 반대로 생각한다. '그럼 그때 이야기하시지. 다 지나간 이야기를 이제 와서… 뒤끝 장난 아니네.' 구성원의 머릿속에 이런 생각이 드는 순간, 상대의 행동을 바꾸고자 하는 리더의 피드백은 전혀 효과를 내지 못한다. '비본질적'인 것 때문에 갈등을 유발하고, 정작 피드백 '내용'은 사라져 버리는 것이다.

그래서 타이밍이 중요하다. 피드백은 바로, 즉각 하는 것이 맞다. 즉각적인 피드백을 하되, 어떻게 하느냐가 더 중요하다. 리더는 즉각적인 피드백을 하기 전 상황을 객관적으로 분석해야 한다.

네거티브 피드백은 참 힘들다. 그래서 나는 'AID 피드백 노트'를 먼저 작성한 다음 피드백하는 것을 선호한다. AID는 Action, Impact, Desired Outcome으로 구성된다.

| **Action**(행동) |

그 사람이 어떤 말이나 행동을 했는가?
관찰한 상황을 최대한 구체적으로 공유해야 한다.

| **Impact**(영향) |

그 말이나 행동은 어떤 영향을 끼치는가?
그 행동이 왜 개선이 필요하고, 누구에게 어떤 영향을 얼마나 미치고 있는지를 전달한다.

| **Desired Outcome**(바람직한 변화) |

그 사람이 할 수 있는 바람직한 행동은 구체적으로 무엇인가?

어떻게 개선이 되었으면 하는지를 전달해야 한다.

추가적으로 어떻게 도와주면 될지를 질문하는 것도 잊지 말아야 한다.

다음은 내 피드백 노트에 적힌 내용 중 하나다.

AID 피드백 : 오○○ (20**/04/06)

Action :

지난주 금요일 브랜드카드 기획 관련 미팅에서 있었던 오 담당의 커뮤니케이션 방식에 concern이 있음.

Impact :

미팅 석상에서 기획팀장에게 "지금 기획안이 변경되면 수정할 시간도 없는 것 아니냐"라고 얘기하는 것은 애초에 기획안에 대해서 본인의 생각 외에는 수용할 의사가 없다는 것 같았고, 그렇다면 본부 직책자들의 소중한 시간을 비효율적으로 소모시킨 것임. 더군다나 미팅 이후 들어 보니, 이미 기획안에 대해서는 다른 의견들이 많이 제시되었다고 들었고, 서비스 기획자들의 불만이 고조되었음.

Desired Outcome :

다음에 그런 상황이 된다면, 다양한 의견을 경청하는 자세를 가졌으면 함. 참고로 오 담당 앞에서 팀장이 팀원에게 위와 같은 행동을 했다면 어떻게 반응했을지를 고민해 볼 것. 내가 도와줘야 할 것이 뭔지 확인 필요.

'AID 피드백 노트'에는 또 다른 장점도 있다. 이렇게 적다 보면 순간적인 감정의 파도가 지나간다. 욱 하는 마음에 즉흥적으로 퍼붓는 말은 네거티브 피드백이 아니라 질책이나 화풀이에 가깝다. 그러나 이렇게 피드백 노트를 작성하면, 쓸데없는 감정을 배제하고 팩트만을 근거로 합리적인 피드백을 할 수 있다.

피드백할 준비가 되었는가? 그렇다면 스스로에게 다시 한 번 물어보라. "이 말이 지금 꼭 필요한가?" 이 질문에 "그렇다"라는 생각이 드는 문제에 대해서만 피드백을 하자.

잘못된 칭찬은
고래를 집착하게 만든다

"역시 내 딸!"
"최고야. 똑똑해!"
"대박인데. 해낼 줄 알았어!"

나이가 들수록 칭찬에 인색해진다고 한다. 하지만 좋은 리더라고 자부하는 사람들은 최선을 다해 칭찬의 기회를 잡으려고 노력한다. 그렇다면 최근에 우리가 한 칭찬들을 떠올려 보자. 칭찬에 익숙하지 않은 우리는 위와 같은 칭찬을 곧잘 한다. 대부분이 '결과'에 대한 칭찬이다. 결과에 대한 칭찬을 들으면 사람은 뿌듯함과 함께 부담감을 느낀다. 상대방이 기대하는 결과를 다시 한 번 보여 줘야만 한다는 압박감을 느끼고, 그런 기대치를 만족시키기 위해 결과에 집착하게 된다.

예를 들어 보자. 어린이 축구단에서 친구들과 즐겁게 축구를 하던 아이가 어느 날 운 좋게 골을 넣었다. 부모가 "우와, 골을 넣었네. 잘했어, 우리 아들 최고야" 하고 칭찬한다. 다음 시합 때 '골을 넣어야 칭찬을 받는다'는 생각에 사로잡힌 아이는 친구들과 협력하지 않고 패스워크를 소홀히 하면서, 오직 자신이 골을 넣는 데만 집착한다. 결과에 대한 칭찬이 위험한 이유다. 이렇게 상대방에게 힘을 주기 위한 칭찬이 오히려 독이 될 때도 있다.

얼마 전 영업 담당이 신규 프로젝트의 경쟁 입찰에 참여하여 어려운 관문을 뚫고 270억 원을 수주하는 데 성공했다. 한 임원이 그를 이렇게 칭찬했다. "잘했어. 역시 김 담당이야. 내가 김 담당은 해낼 줄 알았어!"

전형적인 결과 중심의 칭찬이다. 칭찬을 받은 김 담당은 어떤 심정일까? 다음 입찰에 대한 부담이 백배일 것이다. 그렇다면 결과가 아닌 과정을 칭찬하려면 어떻게 해야 할까? "축하해! 이번 건은 클라이언트의 니즈를 정확하게 분석해서 차별적인 제안을 준비하더니, 좋은 결과가 나왔네!" 이렇게 과정에 대해 언급하는 것이 좋은 칭찬이다. 수주 여부는 결과일 뿐이다. '노력한 과정'에 대해 인정받을 때 '다음에도 이렇게 열심히 해서 또 칭찬을 받아야지' 하는 기대와 의욕을 가질 수 있다. 결과에 대한 칭찬은 상대방의 행동을 결과에 대한 맹목적인 집착으로 이끌어, 오히려 조직에 독이 될 수 있다는 것을 유의해야 한다.

결과 중심의 잘못된 칭찬은 도전적인 목표를 세우는 것 자체를 가로막을 수도 있다. 스탠퍼드대 심리학과 캐롤 드웩 교수가 뉴욕의 초등학생들을 대상으로 실험을 한 적이 있다. 두 그룹의 학생들에게 아주 쉬운 수학 문제를 풀게 한다. 그 모습을 보며 선생님이 각 그룹을 다르게 칭찬한다. 한 그룹에는 "너 정말 똑똑하구나!"라며 '결과'에 대해 칭찬한다. 나머지 그룹에는 "너 참 애썼구나" 하는 식으로 '노력'을 칭찬한다.

잠시 후, 두 번째 시험은 두 유형의 시험 문제 중 선택해서 시험을 보게 했다. 하나는 어려운 문제, 다른 하나는 쉬운 문제를 내고 아이들에게 스스로 문제 유형을 고를 수 있게 기회를 줬다. 노력에 대한 칭찬을 받은 아이들의 90퍼센트는 스스로 어려운 시험 문제를 골랐고, 지능에 대한 칭찬을 받은 아이들은 거의 대부분이 쉬운 시험 문제를 골랐다. 똑똑하다는 칭찬을 받은 아이들은 멍청해 보일지 모르는 위험을 피하기 위해 쉬운 문제를 선택한다. 선생님을 실망시키고 싶지 않아서 안전 지향적인 선택을 하는 것이다.

긍정적 피드백은 결과가 아닌 '과정' 중심의 칭찬이다. 여기에 그 과정으로 인한 긍정적인 영향력까지 언급하면 금상첨화다. "축하해! 이번 건은 클라이언트의 니즈를 정확하게 분석해서 차별적인 제안을 준비하더니, 좋은 결과가 나왔네! 덕분에 영업조직에 이기는 습관(Winning Spirit)이 만들어진 것 같아"라고, 그 과정이 가져온 좋은 영향까지 덧붙이는 것이다. 사람은 누구나 다른 사람에게 영향력을 미치고 싶어 한다. 그러기에 올바른 칭찬은 그런 과정을 통한 성공을 이루려는 욕망을 더욱 강화한다.

칭찬의 효과를 좀 더 지속시키고 싶다면 말보다는 문자나 이메일, 편지 등을 활용하는 것이 좋다. 말로 하는 칭찬은 한 번 듣고 그때만 기분 좋을 뿐 금세 잊힌다. 반면 쪽지에 직접 쓴 칭찬, 문자 메시지 또는 이메일을 통해 전해 준 칭찬은 상대가 오랫동안 간직하면서 음미할 수 있다.

그리고 칭찬하고 싶은 대상이 아닌 제3자에게 그 사람에 관한 칭찬을 하면, 칭찬의 효과는 극대화된다. 칭찬 받을 상대가 없는 자리에서 하는 칭찬이 최고다. 칭찬은 발 달린 말과 같다. "서 매니저, 일도 잘하는데 책임감도 강하고 열정이 넘쳐!" 본인이 없는 자리에서 칭찬해 보라. 하루 뒤면 상대가 듣게 되고, 칭찬의 진정성을 훨씬 깊게 믿을 것이다.

이 두 가지 칭찬 방법은, 상대방 얼굴을 직접 맞대고 하는 칭찬처럼 쑥스럽지 않다는 장점도 있다.

MZ 세대들에게는 칭찬의 빈도도 중요하다. 스마트폰 세대인 이들은 태어나면서부터 즉각적인 보상에 익숙하다. 매일 아침 7시에 일어나 10분간 명상하기, 매일 물 2리터 마시기, 아침 공복에 유산균 챙겨 먹기, 일기 쓰기 등, 큰 목표는 아닐지라도 실천이 가능한 목표를 설정해 매일 꾸준히 반복한다. 그것을 주변에

인증하거나 하루의 목표를 달성하는 순간 즉각적인 보상을 받으며 살아왔다. 이들은 오랜 기간 인내해 달성하는 큰 목표보다는, 하루하루 일상에서 작은 목표를 성취하는 것을 선호하도록 학습되어 왔다. 5년 내에 자신의 경쟁력에 맞게 '이직'을 꿈꾸는 이들은, 팀장 승진이나 임원 되기 같은 장기적이고 숭고한(?) 보상보다는 오늘 한 일에 대한 인정과 오늘 저지른 실수에 대한 정확한 피드백을 중요하게 여긴다.

오늘 당장 칭찬을 실천해 보자.

> 현장 노트

이제 와서 고백하건대

류형규 CPO (리얼월드)

같이 일했던 십여 년쯤 전 '전사 기술 자원 타당성 분석 및 해결 방안'을 제게 맡기셨는데, 그 일을 잘할 수 있을지 자신이 없어서 주저했습니다. 그때 대표님이 이야기해 주셨던 말이 기억납니다.

"리더는 결정하고 책임지는 사람이야. 네가 충분히 할 수 있을 것 같다는 나의 판단에서 네게 일을 맡긴 거고, 너는 충분히 잘할 수 있어. 그러니까 나를 믿고 해 봐."

이제 와서 고백하건대 그때 살짝 울었습니다. 이런 식의 믿음을 받아

본 적이 별로 없었거든요. 아니, 나를 언제부터 봐 왔다고, 나를 어떻게 알고, 이렇게 믿음을 주지? 게다가 책임은 본인이 진다고 하고…

실제로 해당 일을 제 예상보다 잘 해냈고, 한층 성장했던 기억이 있습니다. 이후 제가 사람들을 상대하고 구성원들에게 동기부여를 하는 데에 이런 식의 믿음은 하나의 가이드가 되었습니다.

물론 무조건적인 믿음이나 방치는 아니었습니다. 잘하고 있는지 관찰하고, 진행 상황에 대해 보고 받으면서 코멘트를 해 주시고, 필요한 의사결정을 제때 해 주셨죠. 그리고 주변에 일 잘한다고 제 칭찬을 많이 하시기까지…

다시 생각해 보니, 반은 대표님이 해 주신 거나 다름없군요. 이런! 그동안 내가 잘나서 그런 줄 알았는데… 그리고 리더는 틀릴 수 있지만 제때 의사결정을 해야 한다는 것도 제게 또 하나의 원칙이 되었고요. 그렇게 하나씩 둘씩 더 배우고 성장해 왔고, 지금은 그래도 일을 못한다는 소리는 듣지 않는 것 같습니다.

질문하라,
그것만으로도 충분하다

"요즘 고물가에 경기 침체 상황이 지속되면서 가성비 상품을 찾는 수요가 늘고 있다는데, 우리 직영 몰도 리퍼비시 상품을 소싱해 봅시다."
"네, 대표님. 좋은 아이디어입니다. 리퍼비시 상품은 반품된 상품을 제조사에서 회수해서 새로 검수하고 패키지한 상품이어서, 품질은 보장되는 반면 가격은 저렴하니 가성비를 원하는 고객에게는 딱이겠네요. 당장 추진해 보겠습니다."

리더의 명확한 지시이고 해결책이다. 하지만 구성원 입장에서는 리더가 '시킨 일'이기에 책임감이 높아질 수 없다. 잘되면 리더의 전략이 적중한 것이고, 실패하더라도 리더의 책임이다.

스스로 남들보다 우월하다고 믿고 자신의 판단이 항상 옳다고 여기는 것을 '갓 콤플렉스(God Complex)'라고 한다. 심리학적으로는, 아이가 물으면 답을 주어야 한다는 강박관념도 이에 해당한다. 아이의 호기심은 질문을 할 때 최고조에 올랐다가, 누군가 알려 주는 답을 듣는 순간 순식간에 가라앉게 된다는 재미있는 연구 결과가 있다. 그렇다면 아이의 학습 의욕을 지켜 주려면 어떻게 해야 할까? 답을 쉽게 주지 않으면 된다. 알더라도 참으라는 뜻이다.

"아빠, 인간은 왜 달에서 살 수 없는 거야?"

"글쎄, 아빠도 인간이 왜 달에서 살지 못하는지 궁금하네? 우리 딸이 열심히 공부해서 아빠한테 좀 가르쳐 주면 어떨까?"

답을 주려는 성급한 마음을 누르는 인내가 필요하다. 직장에서도 마찬가지다.

일을 하는 과정에서 '스스로 생각해 냈다'고 느끼게 해야 한다. 그래야 책임감이 생긴다. 남이 시키는 일을 알려 준 방법대로만 하면 책임감이 높아질 수 없다. 리더는 모든 문제에 답을 주어야 한다는 강박관념, '갓 콤플렉스'에서 벗어나야 한다. 리더가 답을 갖고 있더라도 그 답을 자기 것이 아니라 구성원의 것으로 만들어야 한다. 물론 구성원이 마음에 드는 아이디어를 가져오기까지는 시간이 좀 걸릴 수도 있다. 이럴 때 리더는 참지 못하고 스스로 답을 주는 경우가 많은데, 이런 일이 반복되면 구성원들은 스스로 생각하는 힘을 잃게 된다.

"요즘 고물가, 경기 침체 상황이 지속되면서 가성비 상품을 찾는 수요가 늘고 있다는데, 우린 어떻게 해야 하나?"
"요즘 리퍼비시 전문관이 뜨고 있다는데, 리퍼비시 상품을 소싱해 보면 좋을 것 같습니다."
"실무 임원의 전문적 견해가 그렇다면 당장 실행해 봅시다!"

이렇게 질문하면 구성원은 스스로 '문제'를 고민하고 '개선 방향'을 찾기 위해 노력하게 된다. 구성원이 스스로 아이디어들을 가져와 리더에게 이야기할 때 리더가 "맞아! 그 생각이 좋을 것 같네. 자네 고민 많이 했군" 하고 말한다면, 그 구성원은 신바람이 나서 일하게 될 것이다.

세계적인 리더십 교육기관인 '창조적 리더십 센터(Center for Creative Leadership)'에서, 성공한 글로벌 기업 CEO들을 대상으로 설문조사를 한 적이 있다. "성공하는 리더의 필수 덕목이 뭐라고 생각하십니까?" 이 질문에 1위를 차지한 것이 바로 '질문하는 리더'였다. 시간 관리, 자기 계발보다 '질문'에 대한 가치를 더 높게 평가한 것이다. '질문하는 분위기를 만드는 리더', '질문할 기회를 놓치지 않는 리더'라는 항목도 4위와 6위에 올랐다. 그만큼 리더에게 질문은 중요하다.

대부분의 신임 팀장이나 신임 임원들이 경계해야 할 첫 번째가 바로 '갓 콤플렉스'이다. 새로 리더가 된 사람들은 구성원보다 더 많이 알아야 한다고 생각한다. 자신이 능력이 있다는 것을 팀원들에게 증명해 보여야 한다는 강박이 있다. 이런 생각이 사람을 조급하게 만들고 쓸모없게 만든다. 답을 주려고 노력하지 말고, '왜?'라는 질문의 힘을 활용하라! '왜?'라는 질문의 힘은 무궁무진하다. 구성원들은 스스로 생각하게 될 것이고 대답할 것이다. 리더는 질문하는 데 그치지 말고, 구성원의 대답을 충분히 들어 주고, 적극적 경청을 통해 구성원 스스로 문제를 해결해 나가는 것을 도우면 된다.

또한 누군가가 당신에게 불쑥 질문을 던질 때 당황한 나머지 성급하게 답을 하는 경우가 많다. 항상 구성원들은 리더보다 훌륭하다는 진리를 잊지 마라. 리더는 기꺼이 '바보'가 되기를 자청해야 한다. 누군가를 가르치는 것이 아니라, 자신이 모자라기 때문에 언제나 배우려고 하는 자세가 필요하다. 대답하지 않고 다시 되받아 질문을 던짐으로써, 스스로 답을 찾게 하라. 상대방에게 내재되어 있는 지식을 끄집어내는 것, 그것이 바로 지혜로운 리더의 참 역할이다.

현장 노트

가라앉아 있던 열쇠가 떠오르는 순간

윤화진 본부장 (SK스토아)

대표님은 실행 과정에서 질문의 힘을 중요하게 여겼다. 가장 중요한 것을 짚어 내는 질문, 오래 고민한 담당자의 솔루션에 확신을 실어 주는 질문, '당신은 어떻게 생각해? 뭐가 맞다고 생각해?'라는 질문에 가라앉아 있던 열쇠가 떠오르는 순간들이 있다. 질문은 구성원이 고민한 가치를 존중하고, 위임하고 신뢰하는 방식이었다. 그러면 담당자는 더 고민하고 신중하게 여러 방안과 근거 데이터를 찾아 가장 좋은 해결안을 생각하게 된다. 그렇게 알아서 성장하게 되는 마법!

돌파구가 필요한 서비스 관련해서 새로운 시도에 대한 보고를 드린 적이 있다. 집중해서 들으며 "재밌다. 계속 얘기해 봐"라는 한마디가 나를 몰입하게 했다. 자발적이고 도전적인 과제에 대해 귀 기울여 끝까지 경청하는 리더로 인해, 나는 다음번 새로운 과제에도 부딪쳐 볼 힘이 생겼다.

1) 새로운 관점 제시에 열려 있고 2) 능동적으로 실행하게 하고 3) 책임은 리더가 진다는 신뢰를 주는 것이, 계속 대안을 제시하고 도전하는 열정을 지피는 동력이 되는구나 깨달았다. 늘 혁신을 요구하는 대표님에게는 이 3종 세트가 항상 따라다녔다.

인센티브 시스템을
설계하라

나는 '성선설'을 믿는다. 한번은 '성악설'에다가 '음모론'까지 신봉(?)하는 후배와 토론을 한 적이 있다. 좋아하는 후배인데, 토론은 꽤 팽팽했다. 그럼에도 나는 인간이 선한 존재라는 내 생각을 수정하기 어려웠다. 인간은 선한 존재이다. 다만 우리는 자신에게 가장 이득이 되는 방향으로 행동할 뿐이다.

『한비자』에 이런 문구가 있다.

> 수레를 만드는 이는 수레를 만들면서 사람들이 부유해지기를 바라고, 관을 짜는 이는 관을 만들 때 사람이 죽기를 바랄 것이다. 그러나 이것은 수레를 만드는 사람은 착하고 관을 만드는 사람은 악하기 때문이 아니라, 사람이 부유해지지 않으면 수레가 팔리지 않고 사람

이 죽지 않으면 관을 팔 수 없기 때문이다. 관을 짜는 사람이 마음속으로 사람을 증오하기 때문이 아니라 사람이 죽어야 이득이 있기 때문이다.

관을 짜는 사람의 생각이나 행동이 때로는 이기적으로 보일 수도 있고 어쩌면 악하게 보일지도 모른다. 하지만 그것은 잘못된 것이 아니라 당연한 것이다. 그것을 선한 방향으로 또는 악한 방향으로 이끄는 것이 바로 '리더의 역할'이다. 리더가 무능하면 구성원을 무능하거나 악한 사람으로 비춰지게 한다. 리더는 구성원의 이득과 회사 이득의 벡터 방향을 일치시켜야 한다.

영업팀에 가맹점 영업을 독려하기 위해 보상 제도를 제시했다. 영업해 온 가맹점 수에 비례해서 보상을 하는 안이었다. 그 후 가맹점 수가 뚜렷하게 증가했다. 몇 달이 지나 매출 신장을 기대했지만 그렇지 못했다. 영업한 가맹점의 80퍼센트는 월 매출이 제로였다. 문전박대하는 '미슐랭 맛집'보다는 영업하기 쉬운, 막 오픈한 신생 식당들을 영업한 결과였다. 인센티브 시스템의 문제였다. 그래서 영업해 온 가맹점의 3개월 매출을 영업사원들에게 인센티브로 주는 것으로 제도를 개편했다. 영업 행태가 바뀌었다. 처음에 문전박대 당했던 '맛집'을 세 번 네 번 방문하며 정성을 기울이며 '맛집' 중심으로 영업이 확대되자 매출도 급신장했다.

한비자의 예처럼, 인간은 자신의 이익을 버리면서까지 어떤 가치나 일에 헌신하기 힘들다. 그러므로 구성원이 조직을 위해 자발적, 의욕적으로 행동하기를 바란다면, 조직의 이익과 구성원의 이익을 한 방향으로 맞추는 것이 무엇보다 중요하다.

오른쪽 사진은 서비스 기획자 시절 늘 마음에 새겨 두고 후배들에게 명심시키던 사진이다.

길이 버젓이 있는데도 점심을 먹으러 가는 사람들은 잔디밭을 가로질러 간다. 처음에는 한두 명이 눈치를 살피며 잔디를 밟는다. 시간이 흐르면서 너나 할 것 없이 잔디밭을 가로지른다. 이제는 아예 눈치를 볼 필요도 없다. 이쯤 되면 원래 있던 길은 유명무실해진다.

이 모습을 보며, 잔디를 훼손한 사람들을 누가 탓할 수 있을까? 이것은 처음부터 설계가 잘못된 것이다. 행동을 일일이 간섭하거나 통제하지 않고, 누가 말하지 않아도 스스로 움직이도록 하는 것이 바로 시스템이다. 이는 마치 흐르는 강물과도 같다.

오랜 클라이언트 중 '한국에너지공단'이 있었다. 공단은 국가의 에너지 효율을 개선하는 목표를 가지고 있다. 이를 위해 가정에 설치된 TV와 냉장고 뒤에 붙은 에너지 효율 등급을 조사해서 통계를 만들어야 했다. 아르바이트생을 고용해 가정 방문 후 공익적인 목적을 설명하고 에너지 효율 등급 스티커를 확인하게 했다. 하지만 대부분의 가정에서는 낯선 이를 반기지 않았다. 설

사 방문을 허락하더라도, 냉장고 뒤에 붙은 스티커를 확인하기 위해 냉장고를 움직이는 수고를 거부했다. 공단의 조사 작업은 난관에 부딪혔다. 결국 통계적 가치가 있는 모수만큼의 방문 조사가 불가능하다고 판단했다. 당시 공단의 부이사장 한 분이 아이디어를 냈다. 초등학교에 공문을 보내 아이들에게 에너지 효율에 대한 특강을 공지했다. 그리고 강연에 앞서 아이들에게 자기 집 TV와 냉장고의 에너지 효율 등급을 알아 오라는 숙제를 냈다.

아이들에게 헌신적인 부모들은 냉장고를 움직이는 수고를 마다하지 않았고, 숙제를 단 하루 만에 완수했다.

이처럼 인센티브 시스템은 불가능해 보이는 일도 가능하게 만드는 마력을 가지고 있다.

현장 노트

환경을 만들어 주는 리더

유지연 담당 (SK엠앤서비스)

고객 활성화를 위해 여러 마케팅 프로그램의 신규 추진이 필요한 상황이었습니다. 동시 다발적으로 채널, 이벤트, 고객사 액션 등 수행 중에 유독 진행이 미진했던 건이 있었습니다. 저나 내부 구성원의 경험이 적은 새로운 시도였고, 제 딴에는 잘해 보고 싶어서 공을 들이고 있었으나, 한편 시도했다가 성과가 미약할까 두렵기도 해서 시도를 망설이고 있었습니다.

보고 중에 해당 건 진행 상황을 물으셨고, 제가 "노하우를 쌓아서 좀 더 완벽하게 하고 싶습니다"라고 말씀드렸더니 대표님께서 "유 담당, 지금 할 수 있는 만큼 준비해서 빠르게 시도해. 내가 완벽하라고 지시한 적 없잖아. 처음 하는 일이 완벽할 수 없어. 완벽하자고 뜸만 들이다가 결국 아무것도 못 하는 거야. 할 수 있는 만큼 해 보고, 안 되면 개선하고, 그래도 안 되면 다르게 해 보는 거야. 너는 나에 대해 그렇게 믿음이 없냐? 나는 너를 믿고 지시했는데?"라고 하셨습니다.

머리에서 댕 하고 종소리가 나는 듯했습니다. "신뢰해서 어려운 업무를 지시하신 거였구나. 정작 믿음이 부족했던 사람은 나였구나"라는 것을 깨닫고 빠르게 시행했습니다. 우려했던 바와 달리 결과도 나쁘지 않았던 것으로 기억하고 있습니다. 대표님은 후배들이 실패를 두려워하지 않고 새로운 도전을 할 수 있는 환경을 만들어 주시는 리더입니다.

조직 내 갈등,
개인 아닌 시스템이 원인

새로 옮긴 회사는 TV 홈쇼핑 회사다. TV 홈쇼핑은 참 단순한 사업 모델을 가지고 있다. 하나의 상품을 한 시간 단위로, 방송을 통해 판매해서 수익을 내는 모델이다. 즉 TV 홈쇼핑은 하루에 24가지 상품을 판매하는데, 당일에 판매할 24개의 상품을 잘 선정해 방송을 잘 만들어서 많이 팔면 되는 것이다.

지상파 TV가 호황이던 시절, 업체들은 줄을 서서 자신의 상품을, 방송을 통해 팔고 싶어 했다. 그런 덕분에 TV 홈쇼핑도 큰 호황을 누리며 번창했다. 하지만 지상파 TV가 외면받기 시작하면서 홈쇼핑의 매출 추이는 해가 갈수록 하향 곡선을 그렸다.

그런데 사양 사업으로 분류되던 TV 홈쇼핑은 세계를 덮친 코로나19 팬데믹 때문에 반전의 기회를 얻는다. 팬데믹 기간, 집에

간혀 있던 사람들의 TV 시청이 늘었고, 집 안에서 소비할 수 있는 TV 홈쇼핑에 다들 열광했다. 그 덕분에 하향 곡선을 걷던 홈쇼핑은 뜻밖의 호황을 누리며 선전했다.

그리고 홈쇼핑 기업들의 운명은 그 사이에서도 큰 격차를 벌이며 달라졌다. 팬데믹 기간 동안 미래 사업들을 준비해 온 기업과, 뜻하지 않은 성장에 샴페인을 먼저 터뜨린 기업 간의 격차는 크게 벌어졌다.

회사 발령을 받고, 한 임원에게 들은 얘기이다.

엔데믹이 되니 사람들은 야외로 또는 해외로 나서고, 집에 머무는 시간이 줄어들었습니다. 그에 따라 TV 시청이 다시 급감했어요. TV를 시청하는 사람들이 줄어들면서 TV 홈쇼핑 매출도 급감했습니다. 하지만 사람들이 마스크를 벗으면서 팬데믹 기간 동안 외면받던 화장품 판매가 급등하기 시작했죠. 이건 TV 홈쇼핑뿐만 아니라 모든 상거래 플랫폼에서도 같은 트렌드였어요. 영업 임원들이 모여서 화장품 판매 시간을 늘리자고 회의를 했어요.
그런데 상품 판매를 담당하던 두 영업본부 조직의 입장은 극명히 달랐습니다. 화장품류를 영업해서 판매하는 뷰티팀이 소속해 있는 1영업본부장은 하루 24시간 중 뷰티팀의 상품을 판매할 수 있는 시간을 극단적으로 늘리자고 했죠.
하지만 2영업본부장의 입장은 달랐어요. 2영업본부의 매출이 급감하고 있는 상황에서, 자신이 할당받았던 방송 시간마저 뷰티팀에게 주게 되면 2영업본부의 목표 달성은 요원하다는 입장이었어요. 그래서 뷰티팀이 소속한 1본부의 다른 팀들이 할당받은 방송 시간을 조정해서 뷰티팀의 방송시간을 늘리라고 주장했습니다. 1영업본부의 각 팀장들도 매출이 줄기는 마찬가지였고, 1영업본부장 혼자서는 해결할 수가 없었어요.

결국 CEO가 주재하는 회의에서 내린 결론은 1영업본부와 2영업본부가 각각 1퍼센트씩 양보해서 뷰티팀 방송시간을 늘려 주라는 미봉책이었습니다. 다른 TV 홈쇼핑 업체들은 당시 뷰티 관련 상품 시간 편성을 30퍼센트 이상씩 늘려서 매출이 올라가는 상황인데 말이죠.

충격적인 이야기였다. 부서 이기주의가 극에 달해 있었던 상황! 회사의 고위 임원이 자기 본부의 제품 판매 실적만을 높이기 위해, 전사의 매출과 이익이 극대화되는 의사결정을 반대하는 입장이었다는 것이다.

두 영업본부장이 싸우는 이유는 하루 24시간이라는 한정된 자원을 두고 더 많은 판매 실적을 내야 하는, 상충할 수밖에 없는 목표 때문이다. 그들의 평가 지표, 즉 KPI(Key Performance Indicators, 핵심 성과 지표)가 각 조직의 매출 이익이기 때문에, 자신의 영업본부가 더 많은 시간을 편성받기를 경쟁적으로 주장하는 것이다. 그때까지 영업사원들은 본부별 및 팀별 성과에 따라 인센티브를 받아 왔기 때문에, 더 경쟁력 있는 상품을 영업해 와서 더 유리한 시간을 편성받기 위해 경쟁하기보다는, 기계적인 형평성을 주장하며 일단은 타 영업본부와 동일한 시간을 편성받고자 했다. 각각의 편성 시간 내에서, 예컨대 각 영업본부는 하루 12개의 방송 편성을 받고 본부 최적화를 추구하여 각 조직의 제품 판매량을 늘리겠다는 생각뿐이었다. 회사 전체 입장에서는 가장 효율 높은 상품 24개를 편성하여 파는 것이 중요하건만, 잘못된 평가 지표 탓에 '전사 최적화'보다는 '부분 최적화'라는 그릇된 관행이 자리 잡아 온 것이다.

어떻게 해야 영업사원들이 자신의 팀이 영업한 제품의 방송 시간을 확보하기 위해 경쟁하기보다, 고객에게 더 적합한 제품을 더 많이 방송으로 내보내려고 노력하는 모습으로 바뀔 수 있을까? '극약 처방'을 할 수밖에 없었다. 두 영업본부를 하나의 영업본부로 통합한다! 잘못된 핵심 성과 지표 탓에 두 조직이 어쩔 수 없이 경쟁할 수밖에 없었고, 그 때문에 최고의 효율 상품 24개로 하루 방송을 최선의 기획으로 편성할 수 없었던 부조리한 현실을 타파하려고 했다. 그러고 나서 30일이 지났고, 한 달간의 실적이 공개되었다. 전년 대비 이익률이 10퍼센트 향상되었다!

조직 내 갈등의 많은 부분을 잘 살펴보면 개개인이 아닌 조직 전체의 인센티브 시스템이나 제도에 그 원인이 있을 때가 더 많다. 이런 갈등을 구성원들끼리 원만하게 해결하라고 맡긴다면, 리더의 책임을 포기하는 것이다. 회사에 혹시 상충하는 시스템이나 제도 때문에 조직 내 갈등이 일어나지는 않는지 살펴봐야 한다. 제도를 바꾸면 갈등도 자연스레 사라질 수 있다.

숫자로 리드하라

―――――

리더십은 감성과 판단의 영역이지만, 방향을 정할 땐 나침반이 필요하다. 그 나침반이 바로 숫자다. 숫자는 방향을 흔들리지 않게 잡아 주고, 팀이 가는 길에 납득할 수 있는 근거를 더해 준다. 감정은 순간의 동기를 줄 수 있지만, 숫자는 지속 가능한 동력을 만든다.

경영자에게 숫자는 불편한 존재다. 외면하면 반드시 문제를 키우고, 마주하면 냉정한 현실을 보여 준다. 그러나 숫자는 결국 가장 진실한 조언자다. 리더는 숫자를 읽고, 숫자로 말해야 한다.

최고경영자 과정을 통해 알게 된 한 대표님은 물류 업계에서 잔뼈가 굵은 분이었다. 대기업에서 물류 배송을 담당하다 독립해, 경기도 이천 톨게이트 인근에 물류센터를 직접 세우고 30년

넘게 경영을 이어 온 인물이다.

코로나 시기, 온라인 커머스의 폭발적인 성장과 함께 물류 수요가 급등했고 그의 사업도 황금기를 맞이했다. 그는 기민하게 움직였다. 기존 물류센터를 무려 10배 이상의 가격에 매각하면서도 운영권은 유지했고, 그 자금과 추가 대출을 합쳐 기존의 두 배 이상 규모의 새 물류센터를 짓는 과감한 결단을 내렸다.

"시간이 지나면 물류센터 부동산은 무조건 오른다"는 자신감, "나는 물류센터를 30년 동안 운영해 봤다"는 경험. 모두가 그의 결정을 믿을 수밖에 없게 만들었다. 그리고 실제로 사업은 더 번창했다.

그러나 문제는 예상치 못한 곳에서 찾아왔다. 코로나 팬데믹이 끝나고 금리가 급격히 오르면서 상황이 뒤집히기 시작했다. 배송 수요는 줄고, 새 센터 건설에 투입된 대출 이자는 감당할 수 없을 만큼 늘어났다. 매달 순손실이 누적되었고, 물류센터를 급히 매각하려 했지만 고금리 상황 속에서 투자자들은 움직이지 않았다. 결국 현금 흐름이 막히자, 경영은 멈췄다. 그는 경험도, 실적도, 전략도 모두 갖춘 경영자였다. 하지만 현금이 마른 순간, 모든 것은 끝이 났다.

"큐텐의 정산 지연은 단순한 내부 실수라기보다 실적 부진과 유동성 악화가 겹친 구조적 문제다." 큐텐 사태에 대해 많은 언론이 이렇게 지적했다. 한동안 전자상거래 업계에서 '할인권 마케팅'으로 유명했던 큐텐 계열사. 그러나 그 화려함 뒤에는 숫자를 외면한 경영이 있었다. 겉으로는 거래가 활발했고 고객도 많았다. 하지만 판매자에게 지급해야 할 정산금을, 적자 난 계열사의 운영 자금으로 '잠시' 돌려쓰는 일이 반복됐다. 그 돈을 메우기 위해 할인 쿠폰을 팔아 선결제를 유도하고, 그 선결제금으로 정산금을 갚는 식의 돌려막기가 이어졌다.

여기서부터 문제가 시작된다. 이 적자는 일시적인 유동성 문제가 아니라 구조적인 손실이었다. 계열사의 지속적인 적자 → 판매자 정산금 전용 → 할인권으로 구멍 메우기 → 또 다른 정산금 지연. 큐텐은 실매출이 아닌 선결제금에 생존을 의존하는 구조에 빠졌고, 2024년 중반, 판매자 정산금 지연 사태로 시장의 신뢰를 잃는다. 고객의 결제 대금을 판매자에게 정산하지 않고 회사가 전용하는 방식은 사실상 신뢰의 파산을 의미했다.

정산금이 어음처럼 돌고 있었고 '실제 매출'은 거의 없었다. 리더가 이 숫자 앞에 정직했다면, 적자가 심화되던 시점에 구조조정을 하거나 사업 모델을 조정했어야 했다. 그러나 눈앞의 현금 흐름만으로 버티는 전략은 결국 조직 전체를 더 깊은 구렁텅이로 끌고 갔다.

앞의 두 이야기는 너무도 다르면서 너무도 닮아 있다. 하나는 30년을 운영해 온 전통 산업의 대표 이야기이고, 다른 하나는 데이터와 마케팅으로 움직이는 글로벌 플랫폼의 이야기다. 하지만 모두 같은 지점에서 무너졌다. 현금 흐름이 끊긴 순간.

경영이란 무언가를 이루는 행위이다. 달성하겠다고 말한 것은, 달성해야 한다. 그렇다면 리더십은 말이 아니라 실적으로 증명되어야 한다. 숫자는 그 실적을 보여 주는 가장 정직한 언어다.

숫자를 외면하지 말라. 숫자가 말하는 현실을 팀과 공유하고, 그 숫자를 기준으로 새로운 결정을 내려야 한다. 불편한 숫자일수록 더 빨리 봐야 한다. 숫자에 담긴 신호를 읽지 못하면, 조직은 이미 방향을 잃은 것이다.

많은 사람이 말한다. 리더십은 결과로 증명된다고. 그러나 진짜 리더는 결과 이전에 흐름을 먼저 읽는다. 그리고 그 흐름을 바꾸기 위해 움직인다.

숫자는 냉정하다. 그래서 믿을 수 있다. 문제는 숫자 자체가 아니라, 숫자를 외면하는 리더십이다.

의도를 제대로 전달하기

말보다 먼저 전해지는 것

토요일 아침. 아직 이불 속에 있는 아이를 보며 아내의 잔소리가 시작된다.

"고등학생이 주말이라고 이렇게 퍼져 자는 게 말이 돼?"

곧바로 들려오는 아이의 짜증 섞인 목소리.

"그냥 좀 내버려 둬!"

이렇게 시작된 하루는 종종 집안의 평화를 깨뜨린다.

아내는 왜 이런 말을 하게 될까? 아이가 더 나은 습관을 들이길 바라는 마음, 성실한 삶을 살았으면 하는 바람 때문이다. 즉 좋은 의도에서 비롯된 말이다. 옆집 아이라면 해가 중천에 뜨도록 자고 있어도 그리 신경 쓰지 않는다. 하지만 내 아이가 그럴 때는 다르다. 사랑하니까, 걱정되고, 그래서 말하게 된다. 그런데

도 왜 이런 대화는 종종 갈등으로 이어질까?

문제는 의도 자체보다 그것이 전달되는 방식에 있다. 부모가 사랑의 마음으로 던진 말도, 아이에게는 간섭이나 통제로 느껴질 수 있다. "다 너 잘되라고 하는 말이야"라는 말이 오히려 아이를 더 반항적으로 만들기도 한다. 의도는 선했지만, 그 의도를 전달하는 방식과 태도가 부적절했기 때문이다.

리더십에서도 마찬가지다. 리더가 팀에게 무언가를 전달할 때, 많은 경우 '무엇'을 말할 것인가에 집중한다. 그러나 '어떻게' 말할 것인가 하는 고민은 소홀하기 쉽다. 하지만 말의 방식, 태도, 분위기야말로 조직 내에서 의도를 효과적으로 전달하는 열쇠다.

드라마 〈낭만닥터 김사부〉에는 이런 대사가 나온다. "팩트에 감정이 실리는 순간, 선동이 되는 거 몰라?"

말은 단지 정보가 아니다. 말에 얹힌 감정과 태도는 듣는 이의 해석을 결정짓는다. 리더가 아무리 옳은 이야기를 해도, 엄격하고 차가운 태도로 전하면 팀원들은 방어적으로 반응한다. 반면, 격려와 배려가 담긴 태도로 같은 이야기를 전하면 열린 마음으로 받아들일 가능성이 높다. 리더는 단순한 정보 전달자가 아니다. 리더는 분위기를 조성하는 사람이다.

그 분위기는 말보다 먼저 전해진다. 표정, 목소리 톤, 말의 리듬, 몸짓… 이런 비언어적 요소들이 리더의 진심을 먼저 전달한다. 회의 시간에 리더가 따뜻한 미소와 부드러운 목소리로 의견을 묻는다면 구성원들은 훨씬 더 자유롭게 자신의 생각을 표현할 수 있다. 반면 날카로운 시선과 압박감 어린 어조는 팀원들의 입을 닫게 만든다.

심리학자들은 종종 이렇게 말한다. 사람은 자신이 도덕적으로 옳다고 믿을 때, 상대를 더 강하게 몰아붙이는 경향이 있다고. 부모도, 리더도, '내가 너를 위하는 마음으로 하는 말이야'라는 확신 속에서, 자신도 모르게 훈계조의 말투를 쓰거나 일방적인 태도를 취하게 된다. 그 순간, 아무리 좋은 의도도 상대에게는 부담이나 억압으로 느껴질 수 있다.

이처럼 의도와 감정을 제대로 전달하기 위해선 '말'보다 먼저 자신의 태도와 분위기, 표현의 방식을 돌아봐야 한다. 피터 드러커는 이렇게 말했다. "내가 무슨 말을 했느냐보다, 상대가 무슨 말을 들었느냐가 더 중요하다."

조직의 문화는 리더의 말로만 만들어지지 않는다. 리더가 만드는 분위기, 태도, 태도의 일관성 속에서 신뢰와 공감이 자란다. 신뢰와 존중의 분위기 속에서 전달된 메시지는 구성원들에게 더 긍정적인 영향을 미치고, 협력적이고 건강한 문화를 만들어 낸다. 반대로 권위적인 분위기는 소통을 단절시키고 구성원들의 자율성과 창의성을 위축시킨다.

리더십 커뮤니케이션에서 가장 중요한 건, 내가 무엇을 말하느냐가 아니라 내가 어떤 분위기로, 어떤 태도로 그것을 전하느냐다. 좋은 의도라고 해서 언제나 옳은 결과를 만들지는 않는다. 말보다 먼저 전해지는 '느낌'이, 말보다 더 많은 것을 결정짓는다.

현장 노트

구성원에 대한 믿음

서은선 팀장 (CJ ENM)

22년차 직장인인 나는 4년차 때부터 박정민 대표님과 일하기 시작하여, 14년 동안 함께 일했다. 그 기간 동안 나는 결혼을 하고, 아이를 낳고, MBA도 다녀왔으며, 팀장으로 승진하여 이제 한 조직의 리더가 되었다. 그리고 대표님이 신임 팀장으로 시작해, 신임 임원이 되고, 고연차 임원이 되고, CEO가 되는 순간에 함께해 왔다.

대표님이 리더로서 경험을 쌓아 감에 따라 리더십의 스타일도, 표현 방식도 변화해 왔지만, '구성원에 대한 믿음'은 '박정민 리더십'의 일관된 원칙이었다고 생각한다.

대표님과 일하고 얼마 되지 않았을 때였다. 그때 부여받은 과제를 도저히 성공시킬 수 없다고 생각해, 대표님께 그것을 성공시킬 자신이 없다고 말했다. 대표님은 "네가 해낼 수 없다면, 그 누구도 해낼 수 없는 일이야"라고 하셨다. 그 말이 두고두고 마음에 남았다(아마 대표님은 기억에 없으실 것이다).

그 후로 대표님이 어려운 과제를 줄 때마다, 그리고 이후 SK를 퇴사하고 새로운 환경에서 어려운 미션을 부여받을 때마다 그날의 기억을 떠올렸다. 그러면 언제나 무엇이든 잘 해낼 수 있을 것 같은 용기와 해내야 한다는 의지가 생겨났다.

SK를 떠나 5년의 시간이 흘렀지만 나는 박정민 대표님과 함께 일하며 받았던 '믿음'에 보답하기 위해 최선을 다해 일하고 있다. 그리고 언젠가 다시 리더와 구성원으로 만날 수 있는 기회가 있다면, 더 성장한 모습으로 함께 일해 보고 싶다.

회의
끝내주게 잘하는 방법

회의를 시작하면 팀원들에게 각자의 의견을 이야기해 보라고 하는 임원. 하지만 5분쯤 지나면 어김없이 일어나서 칠판에 판서까지 해 가면서 팀원들을 가르치러 드는 분을 모신 적이 있다.

회의 주제가 명확하지 않은 경우도 많고, 꼭 필요한 회의가 아니라 일단 구성원들을 모으고 보는 회의도 많았다. 사전에 계획하고 공유한 회의가 아니었기에, 시작했다 하면 언제 끝날지도 모르는 회의가 되기 일쑤였다. 한 시간짜리 미팅이 세 시간을 넘기기 예사였고, 회의실 밖에서는 다음 미팅 참석자들이 기본 한두 시간은 대기하고 있었다. 대기하던 참석자들은 회의 시간을 못 잡아 다음날 새벽에 조찬 미팅을 하거나 휴일에 불려 나와 회의를 해야 했던 경우도 허다했다. 그 임원은 참 부지런하기만

했다.

"회의 때문에 일할 시간이 없다"는 푸념을 종종 듣는다. 이는 앞의 예처럼 잘못된 회의 문화 탓에 빚어진 문제이다. 회의는 조직에서 가장 중요한 활동 중 하나이다. 모든 정보가 공유되고, 업무의 우선순위가 결정되며, 구성원 각자의 업무에 대한 합의가 일어나는 현장이다. 또한 회의는 리더십의 모든 요소가 적용되는 실전과도 같다. 좋은 회의를 하기 위해서는 경청해야 하고, 미리 판단하지 말고 끝까지 들어야 하며, '갓 콤플렉스'에서 벗어나야 한다.

회의의 기본 목적은 정보와 경험을 공유하는 것이다. '인텔'의 앤드류 그로브 전 회장은 "회의는 경영의 필수적인 수단이다. 회의가 비즈니스에서 가장 큰 시간 낭비 요소라고 말하는 것은 화가에게 캔버스가 가장 큰 시간 낭비라고 이야기하는 것과 같다. 왜냐하면 그는 하루 종일 캔버스 앞에 서 있기 때문이다"라고 했다.

이렇게 중요한 회의를, 많은 사람들이 시간 낭비의 주범으로 불편해 하는 이유는 무엇일까? 결국은 회의를 통해서 얻는 것보다 잃는 것이 많다고 생각하기 때문이다. 그리고 그 근본 원인은 리더의 태도에서 찾을 수 있다.

팀장 시절이었다. 전사 임직원이 모두 모여 이야기를 나누는 '타운홀 미팅'을 격월로 운영했다. 한번은 타운홀에서 CTO(최고 기술책임자)가 개발자에 관한 주제로 발표한 적이 있었다. 어느새 대기업이 되어 버린 회사의 개발자들은 직접 개발을 하기보다는 개발 업체에 용역을 주고 개발 관리를 하는 사람이 되어 버렸다고, 우리 회사가 성장하기 위해서는 직접 개발을 할 수 있는 개발자를 뽑아야 하고, 기존 개발 관리를 하던 개발자들은 직접 개발자로 전환하지 못하면 퇴출해야 한다는 '협박' 같은 주장을 폈다.

그 주제로 타운홀에서 CTO와 30분가량 '썰전'을 했다. 내 주장이 맞는다는 자신은 없었지만, CTO의 지나치게 단정적인 주장 또한 서비스 전문가로서 인정할 수 없었기 때문이다. 30분쯤 단상의 CTO와 군중석의 내가 썰전을 펴다 보니, 앞에 앉아 있던 CEO가 손뼉을 치면서 "이제 그만하라"며 좋아하셨다. 당신이 원한 타운홀 미팅이 바로 이런 거라고, 자신들의 생각을 자유롭게 얘기하고 나누는 장을 만들고 싶다고 하셨다.

사장이 되고 보니 (본인의 생각을 겁 없이 이야기할 수 있는 나 같은 리더들이 있었으면 좋겠다는 생각과 함께) 구성원들의 토론을, 인내심을 갖고 30분 동안이나 들어 주신 그때의 CEO가 얼마나 대단한 분인지 새삼 깨닫게 되었다.

리더가 될수록 구성원의 말을 끝까지 듣지 못하고 서둘러 '그렇다' 또는 '아니다'로 판정하거나, 먼저 해결책을 제시하는 경우가 많다. 리더가 구성원보다 지식과 경험이 더 많다는 이유로, 혹은 바빠서 들을 시간이 없다는 핑계로 말이다.

구성원의 의견에 대해 섣부른 판단을 하는 것은 구성원으로부터 더 이상 관련된 정보를 받지 않겠다는 것을 공개적으로 선언하는 것과 다름없다. 이런 일이 반복되면 구성원은 다시는 스스로 고민하려 하지 않는다. 그뿐만 아니라 리더 앞에서는 입을 다물기 시작한다. 자기 의견을 이야기해 봤자 다 말하기도 전에 상사가 미리 결론을 내 버릴 것을 알기 때문이다. 구성원이 리더와 다른 의견을 제시하면, 왜 그렇게 생각하는지, 어떻게 그런 결론을 내리게 되었는지 질문하면 된다. 이러한 과정을 거치면 리더가 굳이 설득하려 하지 않아도 구성원이 리더의 생각을 이해할 수 있고, 더욱 좋은 아이디어를 낼 수도 있다.

잘못된 회의 문화를 벗어나려면, 리더는 구성원들의 '집단지성'을 믿고 기다리기만 해도 된다. 듣는 순간에 옳고 그름을 섣불리 판단하거나 코멘트를 해 줘야 한다는 '갓 콤플렉스'에서 벗어나라는 얘기다. 이것만 지켜도 성공적인 회의가 될 확률은 90퍼센트가 넘는다.

그다음으로 회의를 효과적으로 운영하는 몇 가지 기술적인 방법들이 있다. 먼저 회의 시간과 목적, 이를 통해서 얻고자 하는 목표를 미리 고지해야 한다. 회의의 목적과 이를 통해서 얻고자 하는 목표뿐만 아니라 회의 사전 자료를 참석자들에게 공유함으로써, 참석자들이 기본 정보를 공유한 상태에서 회의를 시작할 수 있도록 해야 한다. 리더가 회의 시간에 미리 도착해서 준비하고 있다면 그 회의는 이미 절반은 성공한 것이다.

회의 결과물에는 결론과 액션 아이템(실행 계획), 향후 일정 등이 확정되어 포함되어야 한다. 또 참여자 중 한 명을 서기로 지정하여 회의록을 정리하게끔 한 후 참석자들에게 공유하게 해야 한다. 회의록은 참석자들에게 공람하여 회의에서 합의한 내용과 일치하는지 컨펌하는 것도 중요하다. 끝으로 회의 마치는 시간을 철저하게 지켜야 한다. 팀에서 시간만큼 소중한 자원은 없기 때문이다.

나는 오늘도 여러 건의 보고를 받고 위클리 회의도 진행했다. 사장이 된 지금도 회의를 잘 진행하는 것은 힘든 일이다. 내 모든 힘을 집중해야만 회의를 성공적으로 진행할 수 있다.

침묵이
찬성을 의미하지는 않는다

"우리 회사는 B2C 서비스를 하는 앱이 10개가 넘습니다. 그런데 회원 체계가 각각 달라 이들 사이의 시너지를 만들기가 쉽지 않습니다. 오늘 보고는 회원 체계가 통합될 경우 추가로 창출되는 가치를 먼저 말씀드리고, 회원 체계 통합의 기술적 타당성과 검토 결과를 이어서 보고드리겠습니다." CTO의 발표는 힘 있게 시작되었고, 그는 명확한 구조와 논리로 발표를 마쳤다.

"혹시 질문이나 코멘트 있으십니까?" CTO의 말에 잠시 정적이 흘렀다. 임원들은 서로의 눈치를 살피며 다음 발언을 기다렸다. 누구도 먼저 입을 열지 않았고, 결국 CEO가 차분히 입을 열었다. 그는 발표 내용 중 몇 가지 기술적 부분을 짚으며, 예상되는 리스크와 기대 효과에 대해 균형 잡힌 질문을 던졌다. 신중하게 방향을 검토하고 있다는 인상을 주었다. CEO의 발언 이후 일부 임원들이 긍정적인 코멘트를 덧붙였다. 표면적으로는 모두가 제안된 방향에 동의하는 듯 보였고, 회의는 큰 이견 없이 마무리되었다.

그러나 그 침묵이 곧 전적인 찬성을 의미하는 것은 아니었다. 각자의 머릿속에는 다른 계산이 오가고 있었다. 관련 앱 사업 책임자들은 통합 과정에서 사업부 리소스가 분산될까 걱정했고, COO(최고운영책임자)는 예상 시너지가 다소 낙관적으로 보인다고 느꼈다. 다른 임원들 역시 당장 자신들의 KPI와 직접적인 연관이 크지 않다는 이유로 적극적인 발언을 삼갔다. 그리고 몇 달이 지나서야, 그날의 침묵이 사실은 조심스러운 보류였음을 모두가 알게 되었다.

이러한 상황은 리더가 '심리적 안전감(Psychological Safety)'을 구축하지 못했을 때 조직에서 자주 발생한다. 구글의 '아리스토텔레스 프로젝트(Project Aristotle)'는 효과적인 팀을 만드는 가장 중요한 요소로 심리적 안전감을 꼽았다. 팀원들이 자유롭게 의견을 제시하고 실수를 두려워하지 않는 환경이 조성될 때 조직은 최고의 성과를 낼 수 있다. 반면, 팀원들이 리더의 눈치를 보며 침묵하는 환경에서는 표면적으로는 합의가 이루어진 것처럼 보이지만 실제로는 핵심적인 문제들이 논의되지 않은 채 방치될 가능성이 크다.

심리적 안전감이 결여된 조직에서는, 리더가 한 번 방향을 제시하면 구성원들이 이에 반하는 의견을 내는 것을 주저하게 된다. "이 프로젝트를 추진하는 이유가 리더가 제안했기 때문인가, 아니면 조직에 진정한 가치가 있기 때문인가?"라는 질문이 중요해진다. 리더가 하고 싶어 한다는 이유만으로 프로젝트가 추진된다면, 구성원들은 그에 대한 진정한 책임감을 갖지 못하고 최대한의 역량을 발휘할 수도 없게 된다.

이 문제를 단순히 구성원들의 책임으로 돌려서는 안 된다. 구성원들이 의견을 숨기는 이유는 리더의 과거 행동과 밀접한 관련이 있다. 평소 리더가 반대 의견을 대하는 방식이 어떠했는가가 팀원들의 태도를 결정한다. 반대 의견을 낸 구성원에게 리더가 화를 내거나 자신의 주장만을 고수했다면, 어느 누가 소신껏 자신의 의견을 제시할 수 있겠는가?

이런 상황이 극단적으로 나타난 대표적인 사례가 1986년 NASA(미 항공우주국) 챌린저호 폭발 사고이다. 챌린저호가 발사 73초 만에 공중에서 폭발하여 탑승한 우주비행사 7명 전원이 사망한 참사였다. 기술적 원인은 연료 탱크를 지탱하는 O-링(O-ring) 고무 패킹이 저온에서 제대로 기능하지 못한 것이었지만, 더 근본적인 원인은 NASA 내부의 조직 문화에 있었다. 발사 전날 O-링의 결함에 대한 엔지니어들의 우려가 있었으나 NASA 고위층은 이를 무시하고 발사를 강행했다.

NASA의 당시 조직 분위기는 강한 성과 압박과 계층 구조로 인해 반대 의견을 제시하는 것이 매우 어려운 환경이었다. 엔지니어들은 자신의 우려가 받아들여지지 않을 것이라는 두려움을 가졌고, 의견을 제시하더라도 조직 내 불이익을 받을 가능성이 크다고 느꼈다. 결국, 챌린저호는 문제를 알고도 침묵한 조직 문화 속에서 폭발했다.

이 사례에서 배울 수 있는 가장 중요한 교훈은 리더가 심리적 안전감을 구축해야 한다는 점이다. 리더는 먼저 자신의 취약함을 인정하고, "내가 놓친 부분이 있을까요?"라는 질문을 던지는 태도를 가져야 한다. 또한 반대 의견을 적극적으로 수렴하는 문화를 조성해야 한다. 이를 위해 회의에서 "이 결정에 대해 다른 의견이 있는 사람은 누구인가?"라는 질문을 지속적으로 던지며, 반대 의견이 나왔을 때 이를 억누르기보다 경청하고 논의하는 방식이 필요하다.

심리적 안전감 구축에 기여하는 일본 기업들의 흥미로운 회의 문화가 있다. 회의 때 참석자 중 서열이 가장 낮은 사람부터 순차적으로 의견을 개진하도록 하는 것이다. 이렇게 하면 리더의 의견에 반하는 발언을 꺼리는 일이 줄어들고, 보다 솔직한 논의가 이루어질 가능성이 높아진다. 이를 벤치마킹해 보면, 리더가 회의를 시작할 때 "토론이 충분히 이루어질 때까지 나의 견해를 유보하겠다"라고 선언하는 것만으로도 구성원들이 침묵을 깨고 자유롭게 의견을 개진하는 데 큰 도움이 될 수 있다. 리더의 태도가 조직 내 심리적 안전감 형성에 얼마나 중요한지 보여 주는 사례다.

구글의 아리스토텔레스 프로젝트는 리더가 심리적 안전감을 보장할 때 조직이 최고의 성과를 낼 수 있음을 증명했다. 실패를 비난이 아닌 학습의 기회로 삼고 의견을 자유롭게 교환할 수 있는 환경이 조성될 때, 조직은 더 나은 결정을 내릴 수 있다. 챌린저호 사고와 같이 중요한 순간에 조직이 침묵을 강요당한다면, 돌이킬 수 없는 결과를 초래할 수도 있다.

침묵은 찬성이 아니다. 때로는 두려움이며, 체념이며, 조직이 스스로 만들어 낸 실패의 전조일 수 있다. 리더가 해야 할 일은 단순히 결정을 내리는 것이 아니라 팀원들이 '말할 수 있는 권리'를 보장하는 것이다. 리더가 견해 차이를 존중하고 열린 토론을 유도할 때, 조직은 진정한 의미에서 성장하고, 실수를 줄이며, 최상의 성과를 만들어 낼 수 있다.

권한 위임의 힘

수빈 매니저는 내가 팀장 마지막 해에 뽑은 신입 사원이었다. 4년 후, 수빈 매니저가 회사를 옮기게 되었다고 인사하러 오면서 가져온 엽서 내용이다.

4년 전 신입으로 입사해서 최초로 받은 업무가 VOC(Voice of Customer) 담당이었습니다. 기획을 하고 싶었지만 운영, 그중에서도 VOC 대응을 하는 업무를 받고 많이 속상했었죠. 그러던 중 터무니없는 불만을 가진 악성 고객으로부터 민원이 들어와서 고민을 하다가 어떻게 처리해야 할지 팀장님께 보고를 드렸는데, "네 생각은 뭐니?"라고 물으셨어요. 이러저러해서 그 고객과는 소송까지 갔으면 한다고 대답하니, "그럼 그렇게 해. 네가 고민을 많이 했을 테니 네 생각이 맞을 거야. 문제가 생기면 내가 다 책임질 테니 잘해 봐"라고 하셨답니다. 그 순간이 제게는 너무 중요한 모멘트였습니다. 비로소 제 일에 대한 오너십(ownership)을 가질 수 있었고 일하는 재미를 알게 되었습니다. 그 후 2년간 오너십을 가지고 신명나게 운영 업무를 했고, 서비스를 이해하고 난 후 기획 업무를 맡은 덕분에 훌륭한 기획자가 될 수 있게 된 것 같아 너무 감사드려요.

당시에는 앱 생태계가 막 생기던 시절이었다. 앱을 개발하는 업체도 처음이었고, 그것을 운영하는 앱 마켓도 경험이 부족했던 시절. 그런 환경에서 무료로 다운받은 앱의 하자를 문제 삼거나 피해를 본 것처럼 거짓으로 꾸며서 보상을 요구하는 '블랙 컨슈머'들이 기승을 부렸다. 게다가 앱 생태계가 안정될 때까지는 터무니없는 요구가 있더라도 이슈를 개발업체에 전가하지 않고 앱 마켓을 운영하는 우리 팀이 수용해 주는 분위기였다.

수빈 매니저가 언급한 상황의 디테일은 기억나지 않는다. 하지만 리더의 한마디가 구성원들에게는 얼마나 큰 무게로 다가가는지 다시 한 번 느낄 수 있었다.

나 역시 권한 위임의 힘을 배운 장면이 있다. 팀장 4년차, 티스토어 팀장이었던 시절이었다. 애플의 아이폰과 앱스토어가 세상을 뒤흔들던 때, 회사는 안드로이드 스마트폰 출시로 대응을 준비하고 있었지만 애플의 앱스토어에 맞설 만한 마켓은 없었다.

사장이 나를 불러 물었다. "안드로이드 스마트폰에 경쟁력을 키우려면 무엇을 준비해야 할까?" 나는 대답했다. "애플의 생태계에 맞설 만한 안드로이드 생태계가 필요합니다." 사장은 잠시 생각하더니 말했다. "6개월 뒤 생태계를 완성했다고 상상해 보자. 뭐가 보이니?" 나는 "안드로이드 앱이 수천 개는 있을 것 같습니다"라고 답했다. 그러자 그는 짧게 끝냈다. "그래? 그럼 6개월 줄 테니 안드로이드 앱 1만 개를 만들어 봐."

대화는 거기서 끝났다. 세부 계획, 예산, 조직표를 묻지도 않았다. 대신 방향과 목표만 명확히 제시했고, 나머지는 전권을 위임한 셈이었다. 나는 그 말 속에서 "방법은 스스로 찾아라. 실패의 책임은 내가 진다"는 신호를 읽었다.

팀원들과 전국 대학을 돌며 안드로이드 개발 과목 개설을 설득했고, 각 대학마다 앱 공모전을 열어 붐을 만들었다. 개발 커뮤니티와 해커톤(제한된 시간 안에 개발자·디자이너·기획자가 팀을 이뤄 아이디어를 빠르게 구현·시연하는 마라톤식 개발 행사)을 연결하고, 샘플 SDK(Software Development Kit, 특정 플랫폼용 앱을 쉽게 만들도록 제공하는 개발 도구 묶음)와 가이드라인을 표준화해 진입 장벽을 낮췄다. 생태계 참여 주체들을 일일이 만나 면 대 면으로 불확실성을 걷어 내며, 그 목표를 진짜 숫자로 만들어 냈다. 그 과정에서 나는 임파워먼트가 구호가 아니라 설계라는 것을 배웠다. 권한을 쥐여 주되, 목적과 원칙, 최소한의 가드레일을 깔아 주는 설계가 있어야 팀이 속도와 자율성을 동시에 얻는다.

경영의 대가 피터 드러커는 "인재를 키우는 데 가장 효과적인 방법은 맡기는 것이다"라고 말한 적이 있다. 사람은 맡기면 성장한다. 권한을 적극 위임하여 스스로 생각하고 해결하도록 맡겨야 한다. 부득이하게 방향 제시를 해 줘야 할 때에는 '지시'보다는 '질문'을 함으로써 일깨워 주는 것만으로도 충분하다. 그리고 실패에 대한 책임은 리더가 진다는 것을 확실히 밝히고 책임지면 된다.

사장의 말 한마디는 내게 그 책임의 우산 아래서 마음껏 시도할 용기를 주었고, 내 한마디는 수빈에게 자신의 판단을 끝까지 밀어붙일 내적 허락을 주었다. 위임은 결과물 이전에 사람을 바꾼다.

물론 모든 일을 위임할 수 있는 것은 아니다. 대부분의 일은 위임해야 하지만, 리더가 직접 해야 하는 일도 있다. 우선 위임할 업무와 위임해서는 안 될 업무를 구분해야 한다. 구분하는 기준은 업무의 중요성과 시급성이다. 가로축은 업무의 중요성, 세로축은 업무의 시급성인 2×2 매트릭스를 상상해 보자. 이 매트릭스의 1사 분면에 분류된 일들, 즉 중요성과 시급성이 모두 높은 업무들은 리더가 직접 처리해야 하는 것이다. 이 매트릭스를 그려 보면, CEO가 부하 직원들에게 절대로 양보하면 안 되는 것이 있는데, 회사의 비전과 전략, 추구하는 인재상, 설비 투자를 결정하는 일들이다.

나는 생태계의 방향, 표준, 파트너십의 원칙 같은 코어 룰은 직접 정했고, 그 룰 안에서의 방법과 실행은 과감히 맡겼다. 위임은 통제의 포기가 아니라 통제의 초점 이동이다.

"믿고 일을 맡길 사람이 부족하다"는 리더들의 푸념을 종종 듣는다. 마음 놓고 일을 맡길 수 있는 인재가 없다는 것이 맞는 말일지도 모른다. 하지만 이는 씨도 뿌리지 않고서 열매가 열리지 않는다고 한탄하는 것은 아닐까?

구성원에게 업무를 위임하는 것은 꽃밭에 씨를 뿌리는 것과도 같다. 씨를 뿌리고 비료도 주고 물도 주며 기다리는 것처럼, 위임을 통해서 사람이 성장하는 데는 시간이 걸린다. 여기서 가장 중요한 것은 씨를 뿌린 후 꽃이 피기까지 기다려 주는 것이다. 그래서 위임을 위한 첫 단계는 리더의 인내이다. 참지 못하고 참견하면 그 순간 위임을 한 의미가 사라져 버리기 때문이다. 나는 6개월 동안 매주 점검은 하되, 방법을 바꾸라고 지시하지 않았다. 대신 결과를 가로막는 장애를 치워 주고, 외부의 불필요한 간섭에서 팀을 보호했다. 그것이 진짜 위임의 관리다.

단, 방임을 위임과 혼동해서는 안 된다. 방임은 씨앗을 뿌리기만 하고 전혀 돌보지 않는 것이다. 씨앗이 저 혼자 자라 열매를 맺기는 어렵다는 점도 기억하자. 위임은 기대의 명료화, 자원의 보장, 점검의 리듬, 책임의 우산이라는 네 가지 요소가 함께 있어야 한다. 그중 하나라도 빠지면 방임이 되거나 마이크로매니징으로 흐른다. 사장은 목표와 방향을 명료화했고, 나는 자원과 리듬을 설계했으며, 책임의 우산은 끝까지 유지되었다. 그래서 팀은 두려움보다 호기심을 크게 만들 수 있었다.

수빈 매니저는 이직한 회사에서도 10여 년간 핵심 서비스 기획자로 성장했고, 켈로그 MBA를 졸업한 후 미국의 최대 유통기업에서 시니어PM으로 일하고 있다. 나 역시 그 시절의 위임을 통해 리더로 한 단계 성장했다. 한마디의 신뢰가 한 사람의 직업인생을 바꾸듯, 한 번의 전권 위임은 한 팀의 가능성을 확장한다. 임파워먼트는 곧 신뢰이며, 리더가 먼저 믿으면 팀은 스스로 증명한다.

10여 년이 지나 그 사장님이 퇴임하신 뒤 찾아뵈었다. 이런저런 이야기를 나누다 조심스레 물었다. "어떻게 그렇게 믿고 맡길 수 있으셨나요?" 사장님이 웃으며 답했다. "고민 많이 한 뒤에 부른 거지. 그런데 말이야. 맡겨 준다고 다 되는 건 아니잖아. 예산은 얼마 주실 건데요, 인력을 충원해 주시면…, 이런 말 없이 '예!' 하고 뛰쳐나가는 너도 대책 없더라." 둘 다 웃었다. 그 웃음 속에서 다시 한 번 확신했다. 위임은 계산을 끝낸 다음에 내리는 결심이고, 그 결심을 실행하는 용기다.

현장 노트

권한 위임과 오너십

최수빈 시니어PM (미국 최대 유통기업)

상사의 '권한 위임'은 곧 실무자의 '오너십'과 이어집니다.

대표님과의 이 일화는 제 업무 철학의 근간이 되었습니다. 누군가 저를 믿어 준다는 것은, 스스로 잘 해내야겠다는 다짐과 함께 그 신뢰를 저버리지 않겠다는 책임감을 안겨 줍니다. 대표님은 일을 맡기실 때 꼭 필요한 가이드만 주시고, 의사결정은 실무자인 제 판단에 온전히 맡기셨습니다. 덕분에 문제를 다각도로 살피는 습관이 생겼고, 최선을 다하며 자신감과 자부심을 키울 수 있었습니다. 이는 자연스럽게 좋은 성과로 이어졌고, 저는 그때 깨달았습니다. 이것이 바로 '오너십'의 힘이라는 것을.

이후 한국의 여러 테크 기업에서 수년간 PM으로 일하며 블록체인, 광고 등 다양한 도메인을 경험했지만, 사회 초년생 시절의 이 깨달음은 지금까지도 모든 업무의 기반이 되고 있습니다. 미국으로 건너와 MBA를 마치고 실리콘밸리에서 시니어PM으로 일하고 있는 지금도 그 가치는 변함이 없으며, 프로젝트를 진행하며 힘이 부칠 때마다 떠올리며 마음을 다잡게 하는 원동력이 되곤 합니다.

PM으로 일한 지 10년이 갓 넘은 지금, 그때의 배움을 떠올리며 오늘도 제 일을 이어 갑니다. 다만 이제는 당시 대표님이 그러셨듯, 주니어 PM들에게 어떻게 오너십을 심어 줄 수 있을지를 함께 고민합니다. 결국 중요한 것은, 그들을 진심으로 믿고 기회를 주며, 실수조차 성장의 과정으로 존중하고 기다려 줄 수 있는가일 것입니다. 그리고 언젠가 그들이 또 다른 누군가에게 같은 경험을 전해 줄 수 있다면, 그것이야말로 제가 대표님으로부터 받은 오너십의 진정한 의미가 완성되는 순간이 아닐까 생각합니다.

"사장님께서 지금 찾으십니다"

본부 타운홀 미팅이 한창이었다. 각 부서의 현황과 계획을 공유하고 자유로운 질의응답이 오가는 자리였다. 본부 인원이 한데 모이는 귀한 시간이어서, 참석자들의 표정에는 집중과 기대가 묻어 있었다. 그때 발표 중이던 임원의 휴대전화가 진동했다. 전화를 받은 임원의 표정이 살짝 굳더니 짧은 대답이 흘러나왔다.

"사장님께서 지금 찾으신다네요."

회의장은 잠시 정적에 휩싸였다. 임원은 옆에 있던 팀장에게 진행을 부탁하고 서둘러 회의장을 나갔다. 그 순간 공기의 무게가 달라졌다. 집중하던 사람들의 시선이 흩어지고, 몇몇은 시계를 바라보았다. 남은 시간 동안 발표는 이어졌지만, '이 자리보다 사장 호출이 우선'이라는 메시지가 무언의 신호처럼 퍼졌다. 그날 이후 타운홀의 몰입도는 예전 같지 않았다.

리더와 구성원의 관계는 서로에 대한 존중에서 출발한다. 그중에서도 구성원의 시간을 존중하는 것은 가장 기본적인 예의이자 조직 운영의 핵심 원칙이다. 하지만 '윗사람의 일정이 아랫사람보다 우선한다'는 생각은 많은 조직에 은근히 스며들어 있다. 사소해 보이는 행동이지만, 이런 신호가 반복되면 구성원들은 "언제든 내 일은 멈출 수 있다"는 무력감에 젖게 된다.

비슷한 경험이 또 있다. 부문장 시절, 함께 일하던 한 상무는 일벌레로 유명했다. 그의 방 앞에는 늘 다음 미팅을 기다리는 사람들이 서성였다. 어느 날, 사장께 보고하러 가는 길에 그 앞을 지나는데 기획팀장과 팀원 몇 명이 문 앞에 서 있었다. 사장 보고를 마치고 약 30분 후 돌아오는 길에도 그들은 여전히 그 자리에 있었다. 이유를 묻자, "3시 보고여서 2시 55분부터 대기했는데, 앞 미팅이 길어져 한 시간을 넘겼다"는 답이 돌아왔다.

그 한 시간 동안 팀원들은 아무 일도 할 수 없었다. 회의 순서를 기다리느라 자리로 돌아갈 수도, 다른 업무를 진행할 수도 없는 애매한 상태였다. 그 시간이 하루 중 가장 집중이 필요한 골든 타임이었다면 손실은 더욱 컸을 것이다.

이것은 단순한 기다림의 문제가 아니다. 정해진 회의 시간이 있음에도 이를 지키지 않는 것은 다른 사람의 일정을 침해하는 일이다. 회의를 길게 하는 것이 성실함이나 열정의 증거가 아니다. 오히려 정해진 시간 안에 핵심을 논의하고 끝내는 것이야말로 함께 일하는 모든 사람의 시간을 존중하는 리더의 자세다. 효율적인 회의는 결코 우연히 이루어지지 않는다. 철저한 준비와 시간에 대한 경계심이 있어야만 가능하다.

이 두 장면의 공통점은 분명하다. '상사의 시간이 우선'이라는 인식이 조직에 깊숙이 자리 잡고 있다는 것이다. 리더가 상대방의 상황을 묻지 않고 호출하거나 회의 시간을 지키지 않는 것은 단순한 일정 변경이 아니다. 사람들의 준비, 흐름, 집중력까지 무너뜨리는 행위다.

코로나19 이후 우리 사회는 재택근무라는 제도를 경험했다. 많은 이들이 "집에서 일하니 오히려 생산성이 높아졌다"고 말했다. 불필요한 방해를 받지 않고 스스로 계획한 흐름대로 일할 수 있었기 때문이다. 재택근무가 주었던 가장 큰 장점은 '집중을 방해하는 요소의 최소화'였다. 반대로 사무실로 복귀했을 때 구성원들이 가장 불만을 느끼는 지점도 바로 이 부분이다. 예상치 못한 호출, 즉흥 회의, 불필요하게 길어지는 대화가 하루의 흐름을 끊어 놓는다.

이제 리더들은 사무실이 방해와 중단의 공간이 아니라 집중과 성과의 공간이 되도록 만들어야 한다. 그 출발은 구성원의 시간을 철저히 존중하는 것이다. 불필요하게 흐름을 끊는 호출을 줄이고, 회의 시간을 지키며, 대기 시간을 없애는 것. 이것이 구성원의 몰입을 지켜 주는 첫걸음이다.

리더십의 본질은 권한이 아니라 배려다. "지금 잠깐 봅시다" 대신 "당신 시간 괜찮을 때 보자"라고 말하는 순간, 리더는 구성원의 시간을 존중하는 출발선에 선다. 그 존중이 쌓이면 신뢰가 되고, 신뢰는 곧 성과로 돌아온다. 결국 리더십은 성과를 요구하기 전에 시간을 존중하는 데서 시작된다.

아우토반을
달리다

계기판의 바늘이 시속 240킬로미터를 넘어서도 핸들은 미동조차 없다. 아스팔트 위를 미끄러지듯 달리는 차 안에서, 나는 이상하리만치 평온하다. 이 속도라면 긴장과 경고음이 어울릴 법한데, 오히려 조용하고 단단한 신뢰가 나를 감싸고 있다. 이건 단순히 아우디의 성능에 대한 찬사가 아니다. 자유를 견디게 만드는 구조에 대한 증명이다.

독일의 아우토반은 '속도 무제한'이라는 상징으로 유명하다. 그러나 그것을 곧이곧대로 자유라 믿는다면 오산이다. 진짜 자유는 무질서가 아니다. 오히려 이 도로 위에는 정교한 규율이 있다. 추월은 좌측 차로에서만 이뤄지고, 느려진 차량은 예외 없이 우측으로 빠진다. 시속 200킬로미터로 달리면서도 방향지시등 하나로 서로 소통하고, 상대의 속도를 암묵적으로 존중한다. 제한이 없기에, 각자는 더 조심하고 더 명확하게 움직인다. 이게 바로 '무제한'의 이면이다. 아우토반은 방임이 아니라 신뢰를 기반으로 설계된 자율의 시스템이다.

이 고속도로가 있었기에 벤츠, 아우디, BMW가 탄생할 수 있었다. 도로가 차를 만든 것이다. 도전할 수 있는 환경이 있었기에 도전할 만한 기술이 촉진됐다. 아우토반은 기술의 놀이터가 아니었다. 그것은 가혹한 기준을 가진 실험장이었고, 그 기준이 브랜드의 신뢰로 전환됐다. 독일차의 고속 주행 성능은 단지 시장을 겨냥한 마케팅 산물이 아니라, 이 도로 위에서 생존하기 위해 진화한 결과였다.

리더십도 다르지 않다. 우리는 종종 리더를 규칙을 정하고 그것을 강제하는 통제자로 이해한다. 그러나 진짜 리더는 통제를 최소화해도 질서가 유지되는 환경을 설계하는 사람이다. 아우토반은 단순히 제한을 없앤 도로가 아니라 자율이 작동할 수 있도록 설계된 고도의 구조물이다. 그런 리더십은 사람을 옥죄지 않는다. 오히려 높은 기준을 제시하고, 자율을 부여하며, 그 자율이 무너지지 않도록 시스템을 정교하게 다듬는다.

이 철학은 오늘날 아마존의 운영 원칙에 가장 정교하게 구현되어 있다. 제프 베조스는 조직이 커질수록 협업이 늘어나야 한다는 통념에 정면으로 반대했다. 그는 "팀 간 의사소통이 활발하다는 건, 조직 설계에 결함이 있다는 신호"라고 말했다. 그래서 그는 각 팀이 사람을 거치지 않고도 협력할 수 있도록, 명확한 API(Application Programming Interface)를 기반으로 약하게 결합된 구조를 만들 것을 지시했다.

여기서 API는 단순한 기술 용어가 아니다. 그것은 자율성과 책임이 작동하는 방식을 설계하는 구조적 언어였다. 각 팀은 미리 정의된 인터페이스와 문서화된 기준만으로 상호작용하며, 내부 커뮤니케이션보다 투명한 설계와 정밀한 규칙을 중심으로 움직인다. 마치 차선과 표지판만으로 질서를 유지하는 아우토반처럼.

그 위에서 각 팀은 자율적으로 비용을 수립하고 자원을 집행한다. 하지만 이는 방임이 아니다. 오직 정확히 설계된 기준 위에서만 허용되는 자율이다. 리더가 일일이 개입하지 않아도, 시스템이 신뢰받을 만큼 정교하게 짜여 있다면 조직은 스스로 움직인다. 이것은 통제를 축소한 결과가 아니라, 통제 없이도 작동할 수 있도록 구조를 설계한 리더십의 산물이다.

비슷한 고민은 나 역시 첫 대표를 맡았을 때 마주했다. 지역본부의 구성원들과 티 미팅 자리였다. "입찰 전용 인감을 구비할 수는 없을까요?" 고객사와의 계약이나 입찰 과정에서 빠르게 공문을 보내야 하는데, 그때마다 본사에 품의를 올리고 인감을 날인해 퀵으로 보내는 과정이 너무 번거롭다는 것이었다. 처음엔 그럴 수도 있겠다 싶었지만, 총무팀의 입장은 한결같았다. 인감은 도용의 리스크가 크기 때문에 절대 외부로 유출할 수 없다는 방침이었다. 그 입장은 이해했지만 나는 다른 방식으로 문제를 풀기로 했다.

인감이 들어가는 공문도 지역본부에서 전자품의를 거쳐 직접 출력할 수 있도록 제도를 바꿨다. 단, 그 품의가 접수되면 자동으로 본사 총무팀에 통보되도록 시스템을 설계했다. 자율은 주되 통제가 필요 없는 구조를 덧댄 것이다. 그러자 구성원들의 반응이 달라졌다. "우리를 믿어 주는 것 같아서 더 신중하게 되더라"는 말이 돌아왔다. 신뢰는 통제를 없앤다고 생기는 게 아니라 통제가 필요 없을 만큼 구조를 설계할 때 비로소 작동한다는 걸 그때 처음 실감했다.

석양은 창 너머로 미끄러지고, 엔진은 낮게 울렸다. 아무도 나를 재촉하지 않았고, 나는 그저 내 속도로 달리고 있었다. 속도를 허락한 건 자유가 아니라 구조였다.

창 너머로 미끄러지는 황금빛 석양을 보며 텅 빈 아우토반을 질주한다. 세상은 고요하고, 낮게 깔린 엔진음만이 나를 응원한다.

대퇴사의 시대를
준비하라

평소 감정 표현을 잘 안 하던 사춘기 초입 아들이 집에 가는 차 안에서 "엄마, 이거 내년에도 또 해? 또 하면, 나 또 갈 수 있어?" 하며 좋았다고 하더라구요. 집에서 저녁 먹으며 아빠한테, 엄마 회사 좋다고 막 재잘대고요.
남편이 "엄마가 하는 일이 특별하니까 이런 체험을 할 수 있는 거야. 다른 친구들은 하고 싶어도 못 할걸~" 요렇게 말해 줘서, 제 어깨가 귀까지 올라갔습니다.

이 행사를 기획할 때 나는 상상했다. 내 아이에게 내가 일하는 곳을 보여 준다면 어떤 감정을 느낄까? 그 감정의 끝에 회사에 대한 자부심이 닿기를 바랐다. 그래서 이 프로그램은 자녀를 위한 체험인 동시에 직원 자신의 소속감을 되살리는 감정 설계였다.

출범 초기, 구성원 스스로 자신들을 '용병 조직'이라고 평했다. 안정적인 방송 운영을 위해 각 분야의 숙련자들을 경쟁사에서 빠르게 영입했다. 그들은 뛰어난 실력을 갖췄고 각자의 방식으로 성과를 냈지만, 조직 전체의 방향이나 팀워크에는 큰 관심이 없었다. 그만큼 언제든 떠날 준비가 되어 있었다. 실력 있는 용병은 더 나은 조건을 제시하는 곳으로 옮기는 데 주저하지 않는다. 그리고 실제로 우리도 '대퇴사'의 시대를 막을 수는 없었다. 연봉을 두 배 가까이 올려 주는 경쟁사들의 제안을 막을 수 없었고, 한두 명을 붙잡을 수는 있었지만 물결 전체를 되돌릴 수는 없었다.

그때 떠올린 문장이 있다.

Worried about the Great Resignation?
Be a good company to come from.
(대퇴사가 걱정되는가? 좋은 출신으로 인정받는 회사가 되어라.)

─『하버드 비즈니스 리뷰』 2021년 8월호

직원을 억지로 붙잡는 대신, 그들이 "거기서 일했던 시간이 내 인생에 큰 도움이 됐어"라고 말하게 하는 것. "그 회사 추천할게"라고 자신 있게 말할 수 있는 기억을 남기는 것. 그것이 이직을 넘어서는 리더십이다.

나는 잊을 수 없는 '조직에 대한 감정적 충격'을 경험한 적이 있다. MIT 슬론스쿨에서의 어느 가을날. 수업 시작 10분 전, 평소 같으면 강의실에 와 계실 교수님이 보이지 않았다. 칠판에 그날의 수업 주제가 적혀 있었기에 다녀가신 건 분명했지만, 시간이 지나도 그는 등장하지 않았다. 미국 친구들조차 웅성댈 만큼 예상 밖의 상황이었다.

그때였다. 갑자기 강의실 스피커에서 〈토요일 밤의 열기〉 주제가가 울려 퍼지고, 존 트라볼타 복장을 한 사람이 등장해 춤을 추기 시작했다. 자세히 보니, 바로 그 교수님이었다. 할로윈을 맞아 학생들을 위한 깜짝 이벤트였던 것. 강의실은 순식간에 열광의 도가니로 변했다. 누구 하나 시키지 않았지만 모두가 일어나 춤을 췄고, 핸드폰을 꺼내 웃으며 사진을 찍었다.

그 순간, 나는 전율을 느꼈다. '이 학교에 속해 있다는 게 자랑스럽다.' 의외성이 주는 감동, 모두가 함께한 잊지 못할 경험. 그 하루가 학교에 대한 내 애착을 완전히 바꿔 놓았다. 그리고 그 경험은 지금까지도 MIT를 떠올릴 때 가장 먼저 기억나는 장면이 되었다.

그 기억은 훗날 나에게 하나의 기준이 되었다. 사람을 떠나지 않게 붙잡기보다, 떠난 후에라도 기억에 남고 돌아오고 싶은 조직을 만들자. 함께 일한 시간이 누군가의 인생에서 '좋은 챕터'로 남을 수 있다면, 그것이 진짜 리더십 아닐까. 리더는 팀워크를 강요하는 사람이 아니라, 팀워크가 자연스럽게 자라나는 환경을 설계하는 사람이다.

스승은 유튜브, 동료는 AI
새로운 리더십의 탄생

지식은 '누가 더 아는가'의 게임이 아니라 '누가 더 잘 연결하는가'의 게임이 되었다. 한때 지식은 경험 많은 리더에게 의존해야만 얻을 수 있었다. 리더는 해결책을 가진 존재였고, 팀원은 그 답을 따라갔다. 문제를 푸는 방법은 오직 선배의 경험에 기대는 것이었다.

하지만 지금은 다르다. 필요한 정보는 유튜브에서 찾고, 문제 해결의 실마리는 AI가 제공한다. 스승은 유튜브이고, 동료는 AI인 시대. 리더십은 전혀 다른 방식으로 작동해야 한다.

과거라면 팀장이 "편의점 매출 자료를 조사해 와"라고 지시하고 팀원들은 브랜드별로 나눠 조사를 시작해 공유하는 데만 일주일이 걸렸다. 지금은 다르다. 회의 도중에도 AI를 활용해 필요한 데이터를 수집하고, 몇 시간 만에 다음 스텝으로 넘어간다. 일주일 걸리던 작업이 하루 만에 끝나는 시대다.

AI 덕분에 우리는 의사결정에 필요한 다양한 자료를 쉽게 손에 넣을 수 있다. 그러나 데이터를 넘어서는 해석과 판단은 여전히 인간의 영역이다. 복합적인 정보, 감정, 상황, 윤리적 맥락을 고려하는 일은 리더가 직접 수행해야 할 과제다.

특히 데이터가 제시하는 가능성들 중 어떤 방향을 선택할지, 그 의미를 어떻게 해석할지는 리더의 가치관과 철학에 달려 있다. 결정은 수치나 논리만으로 내려지지 않는다. 최종적으로 선택의 무게를 짊어지고 결과를 감당하는 것, 그것이 리더십이다.

그렇다면 리더는 이런 시대에 구성원들에게 어떻게 일을 맡겨야 할까?

이제는 과업이 아니라 질문을 던져야 한다.

예를 들어 팀장이 "편의점별 매출 자료를 조사해 와"라고 지시하는 대신, "편의점 시장의 최근 트렌드를 보면 어떤 기회가 보일까?" 하고 묻는다. 자료 수집은 AI가 한다. 해석과 연결은 구성원의 몫이다. 완료가 아니라 해석을 요구해야 한다. "자료를 가져오라"는 지시 대신, "자료를 보고 우리가 집중해야 할 핵심 기회를 한두 문장으로 정리해 보자"고 요청해야 한다. 수치는 AI가 나열할 수 있지만, 그 속에 숨어 있는 흐름은 인간만이 읽을 수 있다.

정답이 아니라 가설을 세우게 해야 한다.

"어떤 제품이 제일 잘 팔리는지 찾아라" 하고 지시하는 대신, "매출 상위 제품을 보면 소비자들의 어떤 욕구가 드러나는지 가설을 세워 보자"고 해야 한다. 가설을 세우고 검증하는 사고력, 그것이 지금 필요한 힘이다.

작업 지시가 아니라 대화를 설계해야 한다.

업무를 나누는 것만으로는 부족하다. 다양한 해석을 끌어내고 시각을 통합하는 대화가 필요하다. 리더는 질문하고, 듣고, 연결하는 촉진자가 되어야 한다.

한 후배에게 들은 현장 얘기다. 과거라면 리서치 업체에 맡기거나 팀원이 몇 주 동안 소비자 조사를 진행했겠지만, 최근에는 회의 30분 전 AI에게 "최근 6개월 동안 편의점 PB(Private Brand) 상품 트렌드, 소비자 반응, 실패 사례"를 요청했다. AI는 즉시 다양한 데이터와 인사이트를 정리해 제공했다. 그 자리에서 구성원들은 "PB 상품이 프리미엄화되고 있다", "밀키트 카테고리가 급성장 중이다"라는 흐름을 읽어 냈고, 곧바로 '고급형 간편식'이라는 가설을 설정했다. 과거라면 두 달은 걸릴 일이다.

이때 리더가 던진 것은 단 하나의 질문이었다. "자료를 보는 데서 끝내지 말고, 우리가 여기서 어떤 기회를 잡을 수 있을까?" 이제 리더는 일을 '시키는' 사람이 아니라 질문을 통해 의미를 '찾게 하는' 사람이어야 한다.

AI가 일의 수단을 바꿨다면, 리더는 일의 본질을 다시 정의해야 한다. 정보는 넘쳐난다. 그 넘치는 정보 속에서 길을 찾게 하는 것, 그것이 리더의 존재 이유다.

코칭으로
리드하라

영화 〈F1 더 무비〉는 30년 전 은퇴를 선언했던 전설적인 레이서 소니 헤이스가, 한때 함께 뛰었던 옛 친구이자 동료인 루벤의 설득으로 최하위 F1 팀에 합류해 팀을 정상으로 세우려는 도전에 나선다는 내용이다. 그에게는 아픔이 있다. 우승을 눈앞에 두고 치명적인 사고를 당했는데, 화려한 스포트라이트 아래에서 수많은 팬들의 환호를 받던 그는 사고 이후 모두로부터 외면당하는 가슴 아픈 과거를 안게 된 것이다.

30년째 '레이서 포 하이어(Racer-for-Hire)'로 떠돌았다. 레이싱 참여 조건을 묻는 사람들에게 그는 늘 이렇게 대답한다. "돈은 중요하지 않다.(It's not about the money.)" 그렇다면 그에게 정말 중요한 것은 무엇일까.

소니는 루벤의 복귀 제안을 받고 갈등에 빠진다. 매력적인 기회였지만, 다시 치열한 경쟁에 뛰어들어야 하는 부담, 그리고 과거의 명성보다 팬들의 외면이 더 두려웠을 것이다. 그는 단골 식당의 종업원에게 고민을 털어놓는다.

"친구가 너무 좋아 보이는 제안을 한다면, 당신이라면 어떻게 하겠어요?"

"그 제안을 받아들이려는 이유가 돈 때문인가요?"

"돈은 중요하지 않아요."

"그럼, 당신이 진짜 원하는 것은 뭔가요?"

이 짧은 대화는 영화의 흐름을 바꾼다. 단순한 호기심이 아니라, 소니의 마음속 깊이 묻혀 있던 진짜 이유를 꺼내게 만든다. 주인공은 이 질문을 계기로 다시 한 번 자신이 인생에서 진정으로 원하는 것이 무엇인가 하는 질문 앞에 서게 된 것이다.

리더십 현장에서도 마찬가지다. "당신이 진짜 원하는 게 무엇입니까?"라는 질문은 상대의 마음을 열고, 불만과 감정 뒤에 숨겨진 진짜 동기를 끌어올리는 힘이 있다.

예컨대 어느 팀장은 이렇게 하소연했다. "'돌매' 분들이 자기 일만 하다 보니 나머지 구성원들에게 일이 너무 몰립니다. 이제 짜증이 납니다. 처음엔 같이 일한 팀장님이셔서 챙겨 드리자고 했는데, 하루이틀도 아니고 계속 반복되니까 같이 못 하겠어요. 이러면 팀 일정도 못 맞추고 다른 팀에도 피해가 가잖아요." '돌매'는 '돌아온 매니저'의 줄임말로, 과거 팀장이나 관리직을 맡았다가 다시 매니저급으로 복귀한 사람을 뜻한다. 이들은 경험과 연륜이 강점이지만, 때로는 자기 업무에만 몰두해 팀 전체의 공동 업무에는 소극적인 경우도 있다.

겉으로 드러난 것은 짜증과 억울함이었지만, 코칭 리더십을 발휘하면 그 감정 속에서 다른 무엇을 발견할 수 있다. 이를 'GROW 모델 프로세스'로 대화하면 다음과 같다.

| **Goal**(목표) |

"이 상황에서 가장 바라는 건 무엇인가요? 어떤 모습이 되면 좋을까요?"

"선배님들이 자기 일만 하지 않고, 팀 전체 일을 같이 해 줬으면 좋겠어요."

| **Reality**(현실과 감정 인정) |

"그렇게 안 될 때 어떤 기분이 드세요?"

"솔직히 화나고 억울해요. 저희만 고생하는 느낌이거든요."

| **Option**(긍정적 의도 탐색) |

"그만큼 화가 났다는 건, 이 대리님이 어떤 부분을 중요하게 생각하신다는 뜻일까요?"

"… 서로 돕고 같이 일하는 분위기요."

"즉, 팀이 협력적이고 서로 책임지는 문화를 원하신다는 거군요?"

"네, 맞아요."

| Will(가치 확인) |

"그게 이루어지면, 본인이나 팀에는 어떤 좋은 점이 생길까요?"

"서로 부담이 줄고 일정도 맞추기 쉬워질 거예요. 다른 팀에도 피해를 안 주고요."

이 대화의 핵심은 단순히 불만을 들어 주는 것이 아니다. 짜증과 억울함이라는 부정적 감정 속에서 '협력적이고 책임지는 문화'라는 긍정적 의도를 끌어올린 것이다. 모든 감정은 드러나 있든 숨겨져 있든 속마음과 연결되어 있다. 그 속마음을 읽어 주는 것이 리더가 배워야 할 기술의 하나다. 감정과 생각은 서로 불가분의 관계이기 때문이다. 진짜 코칭은 바로 여기에서 시작된다.

존 휘트모어는 『코칭 리더십(*Coaching for Performance*)』에서 이런 과정을 GROW 모델로 정리했다.

Goal(목표 설정) : 지금 이 대화에서 진정으로 원하는 것은 무엇인가?

Reality(현실 인식) : 현재 상황과 감정은 어떤가?

Options(대안 탐색) : 목표를 향해 갈 수 있는 선택지는 무엇인가?

Will(실행 의지) : 그중에서 지금 당장 실행할 것은 무엇인가?

코칭 리더십이란 구성원의 불만을 단순히 달래는 것이 아니라, 숨어 있는 긍정적 동기를 질문을 통해 드러내고 그것을 목표와 연결시켜 행동으로 이끌어 내는 힘이다. 이때 리더는 답을 주지 않는다. 대신 열린 질문과 경청으로 상대가 스스로 답을 찾게 만든다.

이것이야말로 리더가 코칭을 배워야 하는 이유다. 구성원은 불평의 언어로 말하지만, 그 속에는 언제나 선한 의도와 성장의 씨앗이 숨어 있다. 코칭은 그것을 발견하게 만드는 기술이다.

보이지 않는 깃발을
든 사람

그날 회의는 특별할 것 없는 자리였다. 중요한 안건도 없었고, 분위기도 평소와 다르지 않았다. 그런데 회의 막바지에 한 팀원이 조심스럽게 물었다.

"그런데 이 프로젝트, 왜 하는 거죠?"

순간 회의실이 잠깐 조용해졌다. 다들 손에 들고 있던 펜을 멈추고 서로 눈치를 봤다. 팀장인 나조차도 답을 망설였다. 그 질문은 너무 당연해서, 평소에는 굳이 말로 꺼내지 않았던 것이다. 그런데 막상 누군가 물으니, 왜 이걸 하는지, 누굴 위해서 하는 건지, 스스로도 선명하게 정리되어 있지 않았다.

그날 이후 나는 깨달았다. 리더가 깃발을 들고 있지 않으면, 아무리 유능한 팀이라도 흔들릴 수밖에 없다는 걸. 비전은 반드시 거창한 문장으로 선포되어야 하는 건 아니다. 그러나 리더 자신에게는 또렷해야 한다. 그리고 누군가 "왜요?"라고 물었을 때, 그 질문 앞에서 당당할 수 있어야 한다.

눈에 보이지 않는 깃발을 든 사람만이 팀을 이끌 수 있다. 팀원은 그 깃발을 리더의 태도에서, 말의 온도에서, 회의실의 공기 속에서 느낀다. 깃발이 뚜렷할수록 팀은 안심하고 나아간다. 반대로, 깃발이 흔들릴수록 팀은 혼란을 느낀다. 결국 리더십의 본질은 방향을 이끄는 사람이 되느냐, 그저 함께 걷는 사람이 되느냐에 달려 있다. 그 차이가 팀의 성과를 결정한다.

가끔은 팀이 열심히 일하고 있는 것은 분명한데, 그 에너지가 어딘가로 흩어지는 느낌이 들 때가 있다. 슬랙은 쉴 새 없이 울리고, 보고서는 깔끔한데, 결과는 기대와 어긋나 있다. 모든 팀원이 성실하고 유능한데도 팀의 흐름이 헛도는 이유, 바로 방향이 없기 때문이다.

이럴 때 리더는 자문해야 한다. "지금 이 팀은 어디를 향해 가고 있는가?"

바쁜 만큼 분명한 방향도 함께 존재해야 한다. 아무리 높은 에너지라도 잘못된 방향으로 흘러가면 결국 모두가 지친다. 그래서 리더에게 가장 중요한 역량 중 하나는 '일의 시작점에서 방향을 제시하는 힘'이다. 우리가 왜 이 일을 하는지, 어디를 향해 가는지를 말하는 힘. 비전은 바로 그 지점에서 시작된다.

비전은 조직의 벽에 걸린 액자가 아니다. 그것은 팀이 혼란에 빠졌을 때 중심을 잡아 주는 기준이자, 흩어진 마음을 다시 모으는 원점이다. 리더가 어떤 깃발을 들고 있는지를 통해 팀은 자신들의 위치와 방향을 확인한다. 리더는 단순히 일을 지시하는 사람이 아니라, 질문을 던지는 사람이어야 한다.

"우리는 왜 이 일을 하죠?"

"이 일이 우리 팀에게, 고객에게 어떤 의미가 있죠?"

이 질문에 답할 수 있어야 진짜 리더다. 리더가 먼저 납득하고 팀도 함께 고개를 끄덕일 수 있을 때, 비로소 팀은 목적을 갖고 나아간다. 목적 없는 팀은 지치지만, 의미를 아는 팀은 지치지 않는다.

비전은 말로만 드는 것이 아니다. 리더의 작고 반복된 선택, 말투, 기준, 태도 속에 깃발이 담긴다. 회의의 첫 문장, 칭찬의 방식, 피드백의 논리, 위기 속에서 팀을 다독이는 태도 ─ 이 모든 것이 깃발을 만든다. 그래서 팀의 에너지가 흩어진다고 느껴질 때, 리더는 먼저 그 깃발을 다시 들어야 한다.

나는 2024년 10월 13일, 스페이스X의 기술 쇼를 생중계로 보며 경악했다. 거대한 로봇 팔이 하늘에서 떨어지는 로켓을 '젓가락'처럼 받아내는 장면은 마치 SF 영화 같았다. 이 기술은 단순한 진보가 아니라 일론 머스크가 꿈꾸는 비전 ─ "인류를 화성으로 보낸다" ─ 에서 시작된 것이었다. 전통적인 로켓은 발사 후 대부분 소멸되거나 바다에 버려지기 때문에, 매번 새로운 로켓을 만들어야 했다. NASA도 이로 인해 2011년 우주왕복선 프로젝트를 종료했을 정도다. 당시 NASA는 한 해 예산의 30퍼센트를 우주왕복선에 쏟아붓고 있었다. 그러나 스페이스X는 이 판을 완전히 뒤집었다. 로켓을 회수하고 재사용함으로써 발사 비용을 획기적으로 줄인 것이다.

그 비전은 처음엔 조롱받았고 수없이 실패도 했다. 하지만 마침내 불가능을 가능하게 만들었다. 이것이 바로 "인류를 화성으로 보낸다"는 일론 머스크의 선명한 비전이 가진 힘이다. 기술을 움직이고, 사람을 모으며, 역사를 바꾼다.

그렇다면 팀장은 어떻게 비전을 세울 수 있을까? 그 시작은 거창한 철학이나 완성된 문장이 아니다. "우리는 왜 이 일을 하는가?"라는 질문 앞에 솔직해지는 것이다. 중요한 건 리더 스스로가 그 답을 납득하고 있는가 하는 것이다.

비전은 짧아도 된다. "우리는 고객의 작은 불편을 가장 빨리 해결하는 팀이다." 이런 문장이면 충분하다. 실용적이고 명확하며, 회의나 우선순위 결정에서 방향을 잡아 준다.

비전은 말해져야 힘을 가진다. 주간 회의, 프로젝트 킥오프처럼 사람들이 '목적'을 궁금해 하는 순간에, '어떻게 할 것인가'보다 '왜 하는가'를 먼저 이야기하라. 이 흐름이 반복될수록, 팀은 리더가 들고 있는 깃발을 인식하고 따라가게 된다.

리더십을 GPS에 비유한다면, 비전은 목적지를 입력하는 일이다. 아무리 빠른 차도 목적지가 없으면 방향이 없다. 도착지를 찍지 않으면, 어떤 길을 가야 할지, 얼마나 걸릴지도 알 수 없다. 지금 당신이 속도만 내고 있다면 방향을 점검할 때다.

진짜 리더는 속도보다 방향을 먼저 찍는 사람이다. 한 달 후, 이 프로젝트가 왜 중요한지, 팀에 어떤 의미가 있는지를 상상하고 그 여정을 설계한다. 비전은 문서가 아니라 행동 속에 담겨야 한다. 말이 아니라 행동이 방향을 증명하고, 그 방향이 신뢰를 만들며, 마침내 팀을 움직이게 한다.

불확실성이 일상이 된 지금, 리더에게 가장 필요한 역량은 정답을 아는 것이 아니라 방향을 제시하는 것이다. 미래가 흐릿할수록 깃발은 더 선명해야 한다. 지금 내가 들고 있는 깃발은 무엇인가? 그 깃발은 팀을 어디로 이끌고 있는가? 리더는 매일 그 질문 앞에 서야 한다.

AI 시대의
솔선수범

큰딸이 첫 돌을 막 지났을 무렵이었다. 새벽, 아이의 몸은 불덩이처럼 뜨거웠다. 체온계는 39도를 넘었다. 급히 인근 종합병원 응급실로 달려갔다. 간호사는 작은 팔에 링거 바늘을 꽂으려 했지만 쉽지 않았다. 아이는 자지러지게 울었고, 간호사는 당황했다. 주사 바늘을 뺐다가 옆자리에 다시 찌르는 일이 여러 번 반복됐다. 지켜보는 내 마음은 찢어졌다. 분노가 터지기 직전이었다. 그날 이후, 우리 부부는 그 병원을 다시 찾지 않았다.

신입 간호사가 처음부터 능숙할 수 없다는 것은 이해한다. 하지만 환자에게 연습하는 것은 용납할 수 없다. 특히 가장 약한 존재를 대상으로 한 실수라면 그 피해는 더 깊게 남는다. 조직에서도 마찬가지다. 신뢰는 큰 문제가 아닌 작은 부주의에서 무너진다.

그 후 대전의 '강소 병원'인 선병원 이야기를 들을 기회가 있었다. "신입 간호사가 주사를 잘 놓을 리 없어요. 많은 연습을 해야 합니다. 하지만 환자에게 연습해서는 안 됩니다. 우리 병원에서는 원장 포함 모든 의사들이 신입 간호사들에게 두 팔과 두 다리를 실습용으로 내놓습니다." 선병원 선승훈 원장의 말이다.

이것이 바로 리더의 솔선수범이다. 힘들고 위험해서 아무도 하고 싶어 하지 않는 일을 스스로 앞장서서 감당하는 것. 환자를 모르모트가 아니라 최고의 고객으로 대하겠다는 다짐을 행동으로 실천하는 것. 리더가 먼저 몸을 내놓을 때, 조직 전체의 문화가 달라진다. 누구도 대충할 수 없고, 누구도 남 탓할 수 없다.

자연도 이를 가르쳐 준다. 철새들은 먼 거리를 이동할 때 V자 대형을 이룬다. 가장 앞에 선 새가 거센 바람을 온몸으로 맞으며 길을 연다. 흥미로운 것은, 선두 새의 날갯짓이 상승기류를 만들어 뒤따르는 새들의 비행을 수월하게 만든다는 사실이다. 뒤에 있는 새들은 상대적으로 적은 에너지로 이동할 수 있다. 하지만 앞자리가 힘들다고 해서 리더 새가 수월한 뒷자리를 탐하지는 않는다. 가장 힘든 자리를 스스로 맡고, 필요할 때만 자연스럽게 교대한다. 이것이야말로 자연이 보여 주는 리더십이다.

조직도 마찬가지다. 누군가 앞장서서 바람을 맞아야 팀 전체가 앞으로 나아갈 수 있다. 그리고 진짜 리더는 '내가 더 힘들어도 앞에서 버티는 사람'이다. 조직을 움직이는 것은 명령이 아니다. "하라"는 말보다 "하자"는 말이 더 큰 힘을 발휘한다. "너희가 해"가 아니라 "내가 할게"라고 먼저 나서는 리더를 팀원들은 믿고 따른다. 솔선수범은 단지 책임을 지는 것이 아니라, 사람들의 마음을 열고, 함께 나아가게 하는 가장 강력한 방식이다.

그리고 지금 우리는 새로운 시대를 맞고 있다. AI 시대, 디지털 전환의 시대. 모든 것이 빠르게 바뀌고 누구나 정보를 쉽게 얻을 수 있는 세상이다. 이런 시대에는 리더십의 방식도 바뀌어야 한다.

AI 시대의 솔선수범은 단순히 앞장서서 뛰는 것을 넘어선다. 리더 스스로 먼저 배우고, 변화하고, 실패하는 것까지 감당해야 한다. 이제 팀원들도 '윗사람이 항상 더 잘 안다'고 믿지 않기 때문이다. 정보를 검색하고, 분석하고, 스스로 판단할 수 있는 능력을 모두가 갖춘 시대다. 그런 팀원들에게 리더가 설득력과 신뢰를 얻으려면, 스스로 먼저 학습하고, 업데이트하고, 끊임없이 변하는 모습을 보여야 한다.

AI 시대의 리더는 "나는 이미 다 안다"고 말하는 대신, "나도 지금 배우고 있다"고 말할 수 있어야 한다. "내가 해 봐야겠다", "나부터 바꿔 보겠다"고 먼저 나설 수 있어야 한다. 그것이 팀 전체를 학습하는 조직으로 바꾸고, 실패를 두려워하지 않는 문화로 바꾼다.

이 시대의 솔선수범은 그래서 훨씬 더 깊고 무겁다. 단순히 고된 일을 대신하는 것이 아니라, 모르는 것을 인정하고, 배우고, 변하고, 실패를 공유하는 것. 그 모든 과정을 리더 스스로 살아내야 한다.

리더는 거창한 비전을 외치기에 앞서 작은 실천부터 보여야 한다. 그 작은 실천이 쌓여 신뢰를 만들고, 신뢰는 다시 변화를 이끄는 힘이 된다. 앞장서서 바람을 맞는 것, 배우고 변화하고 실패하는 것을 두려워하지 않는 것. 그것이 AI 시대에 진짜 리더가 되는 길이다.

3부

팀을 성장시키다

: 자기 인식과 전략적 통찰

골프도 인생도,
목표를 높게!

―――――

"아이고, 어제 잠을 잘 못 자서 오늘 제가 어떻게 칠지 모르겠습니다."

"전 연달아 3일째 라운드입니다. 컨디션이 영… 저야말로 걱정입니다."

"전 드라이버를 바꿨더니 자꾸 슬라이스가 나서…"

라운드 전, 클럽하우스에서 자주 보는 대화의 전형이다. 오늘 자기가 잘 칠 수 없는 이유를 경쟁하듯 떠벌린다. 우리는 대개 겸손을 가장한 자기방어적 부정어들을 내뱉는다. 라운드 중에도 마찬가지이다. 샷 하나를 마칠 때마다 "아이고, 망했다"를 연발한다.

중견 기업 대표인 선배 한 분의 말씀에 큰 가르침을 받았다.

"왜 다들 골프장만 오면 못 칠 이유를 대느라 바쁜지 모르겠어요. 골프도 인생도 멘탈이 전부 아닙니까? 굳이 못 칠 이유를 열거하지 말고, '그럼에도 불구하고' 잘 칠 수밖에 없다고 얘기해 보세요."

부정적인 말은 절대로 입 밖에 내서는 안 된다. 의심이 솟아나면, 바로 그것을 긍정의 말로 바꾸려는 노력이 중요하다. 인간의 생각이라는 것은 우리의 상상을 뛰어넘는 굉장한 힘을 지니고 있다. 우선은 일절 의심하지 말고 '어떻게든 그것을 실현하고 싶다'는 강렬한 열망을 품어야 한다.

"어제 잠을 잘 못 자서 몸에 힘이 없네요. 덕분에 힘 빼고 치면 오늘 공이 잘 맞을 것 같아요."

"드라이버를 신형으로 바꿨으니, 오늘은 샷이 얼마나 잘 맞을지 기대돼요."

자기 확신에 차면 내 몸도, 조직의 구성원들도 그것을 다 알아차린다. 애초에 리더가 해낼 수 있다는 마음을 먹지도 않는데, 구성원들이 그 일을 해낼 리는 없다.

물론 확신하는 것만으로 모든 일이 저절로 성취되는 것은 아니다. 강하게 열망한다면, 다음에는 최고 수준의 목표를 세우고 최선을 다해야 한다. 되도록 높은 목표를 잡고 도전할수록 더 많은 변화와 혁신을 이룰 수 있고, 통상의 경영 성과 이상의 결과를 얻게 된다.

이것을 'SUPEX(Super Excellent) 추구법'이라 한다. 예능 프로

그램인 〈뭉쳐야 찬다〉의 예를 들어 보자. 〈뭉쳐야 찬다〉 팀이 조기축구팀 '도장 깨기'를 목표로 했을 때와 전국대회 우승을 목표로 했을 때의 훈련을 상상해 보자. 어떤 목표를 잡고 노력하느냐에 따라 선수들은 마음가짐이 달라지고, 대회를 위해 준비하는 훈련 과정도 달라지게 된다. 이 과정에서 행동과 습관이 변하고, 이를 통해 얻을 수 있는 경험이 달라진다. 만약 전국대회 우승을 목표로 준비를 했다면, 비록 전국대회 우승은 못 할지라도 이제 조기축구팀 도장 깨기는 식은 죽 먹기일 테다. 선수들 입장에서도 조기축구팀 도장 깨기에 도전했을 때보다 더 다양한 경험과 기본기를 쌓을 수 있다.

사람의 심리는 현재보다 조금 높은 목표를 잡을 경우, '현재'를 기준으로 "내가 무엇을 고치면 더 나아질까?" 하는 개선의 측면에서 접근한다. 하지만 현재의 방식으로 도저히 어찌할 수 없는 수준의 높은 목표가 주어지면, 현재가 아닌 '목표'를 기준으로 거꾸로 내려오면서 준비한다고 한다. "내가 저기에 가려면 지금부터 뭘 준비해야 하지?" 하면서, 현재나 과거의 상황에 매이지 않고, 어찌 보면 백지 상태에서 새로운 시각으로, 도전하는 마음으로 시작하는 것이다.

골프도 인생도, 에임 하이(Aim High)!

현장 노트

우리가 받은 실버버튼

최윤난 팀장 (SK플래닛)

"유튜브 한번 해 보자."

2019년 말 어느 날 그렇게 일은 시작됐다. 나는 서비스 기획자 출신의 사업 팀장이었으며, 콘텐츠 경험도 제작 인력도 없었다. 하지만 그는 주저하지 않았다. 기획력이 중요하다며 나를 신규 상품 개발팀장으로 임명했다.

"기왕 하는 거 일 년 안에 실버버튼 받는 걸 목표로 해 보자. 뭐가 필요한지 말해."

"믿으니까 해 봐."

끝없는 신뢰를 무기처럼 사용하는 그의 방식은 때로는 압박을 느끼게도 하지만 늘 우리를 움직이게 한다. 우리 팀은 여러 시행착오 끝에 '이영지의 영지발굴단'을 기획하고 채널을 성장시켰다.

이듬해 말, 우리는 콘텐츠의 성공뿐 아니라 비즈니스 모델까지 만들어 냈으며, 본부장실 책상 위엔 '실버버튼'이 놓였다.

"The Buck Stops Here!"

그의 조직 경영 모토이자, 우리가 따를 수밖에 없게 하는 리더십!

매사에
감사한 마음

『손자병법』에는 "용장(勇將)은 지장(智將)을 이기지 못하고, 지장은 덕장(德將)을 이기지 못하며, 덕장은 복장(福將)을 이기지 못한다"는 말이 있다. 이는 용기와 지혜, 인덕이 아무리 뛰어나도 결국 좋은 운을 이기지 못한다는 의미이다. 용장, 지장, 덕장은 노력과 훈련으로 가능할 것 같지만, 복장은 어떻게 만들어지는 것일까? 이에 대한 답을 찾기는 어렵겠지만, 돌아보면 나는 늘 운이 좋은 복장이 아니었던가 싶다.

홈쇼핑 업계에서의 경험이다. 전통적인 TV 방송 중심의 홈쇼핑 시장이 점차 어려워지면서, 모바일 성장이 중요한 전략이 되었다. 하지만 자체 모바일 앱의 방문자가 적어 성장이 더뎠고, 이를 해결하기 위해 홈쇼핑사들은 쿠팡, 네이버, 11번가 같은 외부 온라인 플랫폼에도 입점하여 판매 대행을 맡았다. 문제는 이 과정에서 홈쇼핑사들이 막대한 입점 비용과 광고비를 부담해야 했다는 점이다.

이런 방식으로 매출은 늘었지만, 장기적으로 볼 때 건전한 성장은 아니라고 판단했다. 결국 우리 회사는 외부 플랫폼 입점 매출을 중단하기로 결정했다. 당장 매출 감소와 조직 내부의 반발이 있었지만, 우리는 자사 앱에 집중하기로 했다. 그렇게 6개월이 지났을 무렵인 2023년 7월 '티메프 사태'가 터졌다. 온라인 플랫폼 티몬과 위메프가 입점 판매자들에게 판매 대금을 정산하지 못해 약 1조 원 규모의 피해가 발생한 사건이었다. 많은 커머스 업체들이 막대한 손실을 입었지만, 우리 회사는 외부 플랫폼 입점을 중단한 덕분에 위기를 피할 수 있었다.

이 사건을 겪으며 '나는 운 좋은 놈이다' 하는 생각은 확신이 되었다. 물론 전략적인 판단도 있었지만, 만약 외부 플랫폼 판매를 지속했다면 우리도 큰 피해를 입었을 것이다. 운이란 때로는 우리가 미처 예상하지 못한 방식으로 다가온다. 어려운 결정이었지만 결국 그것이 회사를 보호하는 방패가 되었던 것이다.

그러던 중 서울대 행복연구소 최인철 교수의 경험담을 들었다. 그는 한남대교 남쪽에서 심혈관 문제로 쓰러졌고, 가까운 순천향병원으로 이송되었다. 코로나로 인해 병상이 부족한 상황이었지만 운 좋게 병실이 있었고, 응급실로 들어갈 수 있었다. 하지만 휴일이라 수술할 의사가 없었고, 응급실 인턴이 여러 의사에게 응급 콜을 했다. 마침 담당 의사 한 명이 택시로 병원 근처를 지나고 있었고, 덕분에 급한 수술을 받을 수 있었다. 최 교수는 이 경험을 이야기하며 "행복하려면 삶의 우연성을 인정하고 감사할 줄 알아야 한다"고 강조했다. 감사하는 것은 인생에 운과 우연이 작용한다는 사실을 겸허하게 받아들이는 것이다.

진정한 리더는 자신의 위치를 특권으로 여기지 않는다. 그는 자신의 성공이 오로지 개인의 능력과 노력의 산물만은 아니라는 사실을 깨닫고, 주변의 도움과 기회의 중요성을 인정할 줄 안다. 이러한 태도는 단순한 겸손을 넘어 조직 전체에 긍정적인 문화를 형성하는 강력한 힘이 된다. 성공한 리더일수록 겸허하게 감사할 줄 알며, 이러한 자세가 지속 가능한 리더십의 초석이 된다.

많은 리더들은 자신의 노력과 역량 덕분에 지금의 자리에 올랐다고 믿는다. 그러나 우리는 때때로 삶의 흐름 속에서 자신이 어쩌다 여기까지 오게 되었는지를 돌아볼 필요가 있다. 결정적인 순간마다 누군가의 손길이 있었고, 운이 우리를 밀어 주기도 했다. '운칠기삼(運七技三)', 즉 성공의 70퍼센트는 운이 결정하고 30퍼센트만이 실력이라는 말처럼, 리더십에서도 감사하는 태도는 필수적이다. 그런데 이상하게도 성공한 사람일수록 자신의 성취를 오직 자신의 능력 덕분이라고 여기고 싶어 한다. 하지만 진정으로 위대한 리더는 다르다. 그들은 기꺼이 "나는 운이 좋았다"고 말하며, 이러한 태도가 조직원들에게 신뢰를 주고 조직 전체에 따뜻한 문화를 조성한다는 사실을 잘 알고 있다.

감사하는 리더는 무엇이 다를까? 그들은 자신이 받은 도움을 잊지 않는다. 회사가 성장하는 과정에서 헌신한 동료들, 중요한 순간에 손을 내밀어 준 사람들, 때로는 거친 피드백을 통해 더 나은 결정을 내리도록 도와준 사람들. 이 모든 존재가 있었기에 지금의 성과가 가능했다. 성공한 리더라면 마땅히 이러한 도움을 기억하고 감사를 표현해야 한다. 그것이 리더로서의 품격이다.

감사는 조직 문화를 결정짓는 중요한 요소다. 감사하는 리더가 있는 조직은 자연스레 따뜻한 분위기를 형성한다. 구성원들은 자신의 공헌이 인정받는다고 느끼며 더욱 높은 동기를 갖는다. 작은 감사의 표현 하나가 조직의 분위기를 바꾸고, 장기적으로 신뢰와 존중이 넘치는 환경을 만들어 낸다.

그러나 감사는 단순한 마음가짐에서 그쳐서는 안 된다. 이를 실천하기 위해 몇 가지 방법을 적용할 수 있다. 첫째, 감사의 기록을 남긴다. 자신이 받은 도움과 중요한 순간을 기록하면 감사하는 습관이 자연스레 자리 잡는다. 둘째, 직접 감사를 표현한다. 작은 칭찬이나 격려의 말이 조직원들에게 큰 힘이 된다. 셋째, 공식적인 자리에서 구성원의 공헌을 인정한다. 이러한 과정이 반복되면 감사는 어느새 자연스러운 리더십의 일부가 된다.

지금 당신의 곁에는 어떤 사람들이 있는가? 그들이 없었다면 지금의 당신이 존재할 수 있었을까? 감사의 리더십은 조직을 더 나은 방향으로 이끄는 강력한 힘이 된다. 오늘 하루, 주변을 돌아보며 감사의 마음을 전해 보자.

나는 지금 스타벅스 2층 창가에 앉아 있다. 바깥에서는 부드러운 봄바람이 나뭇가지를 흔들고, 창 너머로 햇살이 비친다. 옆 테이블에서는 갓 내린 커피 향이 은은하게 퍼진다. 이런 순간마저도 감사하다. 우리가 감사할 줄 아는 순간, 세상은 한층 더 따뜻하고 아름답게 느껴진다.

우리는
왜 일하는가?

챗GPT가 세상을 뒤흔들고 있다. 그 뒤엔 다시 춤추게 된 마이크로소프트가 있다. PC 시절 최고의 빅테크 기업이던 마이크로소프트는 스마트폰으로 패러다임이 바뀐 후 오랜 기간 부진을 겪으며 역사에서 사라지나 했다. 하지만 사티아 나델라가 2014년 취임하며 부활을 시작한다. 그는 취임과 동시에 구성원들에게 질문을 던진다.

"우리는 왜 일하는가?"

"마이크로소프트는 왜 존재해야 하는가?"

이 질문은 마이크로소프트의 재기에 핵심적이었다.

1975년 빌 게이츠가 창립한 마이크로소프트는 "집집마다 모든 책상 위에 컴퓨터를(A computer on every desk and in every home)"이라는 꿈을 꾸며 사업을 시작했다. 전문가들 사이에서조차 컴퓨터는 일반 대중에게는 쓸모없으며 전문가에게만 필요한 것이라는 생각이 지배적인 시대에, 모든 사람이 컴퓨터를 사용할 수 있도록 하자는 빌 게이츠의 꿈은 현실이 됐다. 전 세계 컴퓨터의 운영체제 윈도우(Windows)와 소프트웨어를 독점하며 연매출 2백억 달러의 거대 기업이 되었다. 하지만 온 세상 책상에 컴퓨터를 다 놓고 나니 더 이상은 동기부여가 되지 않았다. 새 시대에 걸맞은 새로운 비전이 필요했다.

빌 게이츠, 스티버 발머에 이어 마이크로소프트의 세 번째 CEO가 된 사티아는 인도의 작은 공과대학 출신 개발자이다. 사티아의 아들은 태어날 때부터 말을 못 하고 걷지도 못하는 뇌성마비 장애아였다. 그런 아들 덕분에 타인과 삶에 대해 더 깊은 이해와 공감 능력을 가지게 되었다고 사티아는 어느 인터뷰에서 말한 적이 있다. 그는 아들이 휠체어에 부착된 센서를 이용해 음악 재생 목록을 넘기는 모습을 보며, 기술이 누군가의 삶을 얼마나 풍요롭게 만들 수 있는지를 실감했다고 한다. 과거 마이크로소프트가 도스(DOS)와 윈도우를 통해 전 세계인이 컴퓨터를 손쉽게 사용할 수 있도록 했던 것처럼, 이제는 그 기술력을 바탕으로 더 많은 사람들의 삶을 실질적으로 돕는 데 기여해야 한다고 그는 믿었다.

사티아 나델라는 "지구상의 모든 사람과 모든 조직이 더 많은 것을 달성할 수 있도록 돕자(To empower every person and every organization on the planet to achieve more)"는 비전을 세웠고, 구성원들을 설득했다. "중증 장애인인 내 아이도 음악을 듣고 글을 쓸 수 있는 소프트웨어를 만들기 위해 나는 이 회사에 옵니다. 그래서 너무 행복하고 즐겁습니다"라며 구성원들의 마음을 하나로 모았다. 누구나 마이크로소프트의 기술을 쓸 수 있게 함으로써 사람들이 더 많은 것을 성취하게 하고 세상을 이롭게 하겠다는 것이다.

그 결과 마이크로소프트는 챗GPT를 만든 오픈AI와 누구보다 먼저 협업에 나섰고, 검색엔진 빙, MS365 등에 챗GPT를 접목하면서 생성형 AI 시장을 선점하게 되었다. 챗GPT는 대화형 AI이다. 사용자의 질문에 필요한 정보를 찾아 주는 구글의 검색엔진과 달리, 마치 실제 사람과 대화하듯 질문에 자연스럽게 답변하도록 설계됐다. 기초적인 대화 시뮬레이션이 가능한 것은 물론이고 수학 문제 풀이, 에세이 및 논문 작성 등 복잡한 작업도 가능하다. 이는 지구상 모든 사람들이 더 많은 것을 달성할 수 있도록 능력을 북돋우겠다는 마이크로소프트의 비전에 부합하는 것이다.

내 아이를 위한, 세상 사람을 위한 나의 꿈을 추구하는 것이 너무 행복하고 즐겁습니다. 여러분의 꿈은 무엇입니까? 여러분도 당신의 꿈을 이루기 위해 나와 같이 일하는 게 행복했으면 좋겠습니다. 나는 여러분의 꿈과 성공에 기여하는 사람이 되고 싶습니다.

다시금 세상을 변화시키겠다는 사티아 나델라의 명확한 비전과 그의 진심이 구성원들의 가슴을 뛰게 했다.

비전은 구성원들의 가슴을 뛰게 하는 꿈이다. 구성원들이 공감하고 합의한 비전은 엄청난 힘을 발휘한다. 모두가 한마음으로 믿는, 가슴 뛰는 비전이 있다면 회사는 '돈 버는 집단'이 아니라 '같은 꿈을 추구하는 공동체'가 되는 것이다.

그러려면, 한번 세운 비전을 끝없이 반복해서 말하고 보여 주어야 한다. GE의 잭 웰치는 "회사의 비전을 700번 반복하면 비로소 성과가 난다"고 했다. 그 과정에서 예기치 못한 시련이나 장애에 부딪힐지도 모른다. 그렇지만 어떤 현실에 직면하더라도 경영자 자신이 강한 의지를 갖고 대응하면서 조직을 하나로 묶어 생각과 힘을 결집해 나가야 한다.

나 또한 CEO로 부임한 후 회사의 성장 방향을 새롭게 정립하고 비전과 미션도 새로이 수립했다. 그 과정에서 회사 전체의 공감과 합의를 끌어내기 위해 수없이 소통하고 논의했다. 전사의 비전과 미션에 부합하면서도 각 조직 단위의 사업에 맞는 성장 스토리를 구체화하기 위해 회사 인트라넷에 각 조직장(임원)과

핵심 구성원들이 각자의 성장 스토리를 스피크 아웃(Speak Out)하는 게시판을 만들어 소통한 것도 매우 유의미한 시도였다. 이는 각 조직이 회사의 새로운 성장 방향을 남의 일이 아니라 바로 내 일로 체화하는 중요한 계기가 되었다. CEO의 반복적인 메시지도 중요하지만 구성원이 스스로 메시지화하는 과정이 더 중요하다고 생각했는데, 효과가 있었던 것이다. '우리의 성장 스토리'라는 이 게시판은 아직도 '대표이사 Tok!'과 함께 나란히 인트라넷의 정중앙에 자리 잡고 있다.

그럼에도 모든 일이 새로운 성장 방향에 맞게 일사불란하게 진행되는 것은 아니다. 때로는 그동안의 관행 때문에, 때로는 당장의 실적 때문에 전략에 맞지 않는 일이 계속되기도 한다. 이런 상황에서 필요한 것은 끊임없이 "우리가 왜 이 일을 하는지", "우리가 추구하는 것은 무엇인지"를 환기하는 인내심이다.

〈백종원의 골목식당〉이라는 프로그램을 재밌게 본 적이 있다. 한 떡볶이집 에피소드가 인상적이었다. 백종원 씨가 그 식당에 자문해 주고 '백쌀튀김'이라는 특급 레시피까지 공유하며 튀김의 '겉바속촉(겉은 바삭하고 속은 촉촉)'을 당부했다. "튀김은 절대 미리 튀기지 말고 손님이 오면 튀겨라!" 하지만 일 년 후 백종원 씨가 다시 방문했을 때, 그 떡볶이집에는 여전히 손님이 없었다. 이유는 간단했다. 신신당부했던 약속들이 지켜지지 않은 것이다. 이 상황에 배신감으로 화를 낼 법도 한데, 백종원 씨는 대단했다.

초심을 유지하지 못하고 원점으로 돌아간 식당 주인에게 계속 반복해서 원칙을 되새기며 다독였던 것이다.

흔들림 없이 자신의 꿈을 말하고, 조직의 꿈을 말하고, 꿈이 실현되면 무엇이 어떻게 달라지는지 말할 수 있는 사람, 그리고 꿈을 달성하기 위해 무엇을 해야 하는지를 구체적으로 제시할 수 있는 사람, 그런 사람이야말로 진정한 리더라고 생각한다.

CEO의 역할

CEO 부임 후 사업 보고를 받다 보니 현재의 수익성도 미래의 성장성도 어두워 퇴출을 검토해야 할 사업들이 눈에 띄었다. 이 사업들은 시장이 협소한 데다 성장 가능성이 없거나 BM(Business Model, 수익 모델) 가치와 구조적 매력도가 부족한 경우였다.

소상공인 전용 플랫폼 비짓(Bizit)이 대표적인 사례였다. 비짓은 카드 매출 조회, 매장 위치 홍보, 아르바이트생 출퇴근과 급여 관리 등 소상공인의 매장 운영에 필요한 각종 시스템과 정보 서비스를 제공하는 플랫폼이었다. 소상공인과 관련된 SK그룹의 역량과 자원을 결집해 성장시킨다는 비전을 갖고 출발했지만, 그룹 내 다른 관련 회사들의 관심과 협력을 이끌어 내는 데는 어려움이 있어 정작 고객인 소상공인들에게 줄 수 있는 가치가 부족했다. 또한 유료 서비스에 대한 소상공인들의 반응도 미온적이었는데, 유사 서비스를 제공하는 업체들의 출혈 경쟁은 심화하는 양상이었다. 이런 상황에서 사업 유지에 필요한 개발 운영비 탓에 발생하는 적자 규모는 상당해 사업을 지속하기가 어렵다고 판단했다.

제공 가치와 수익 모델의 한계를 지적하자, 담당 조직에서는 트렌드를 반영한 '구독 서비스' 모델로 전환하는 계획을 가져왔다. 서비스가 주는 가치가 그대로인데 수익 모델이 달라진다고 없던 수익성과 성장성이 생길 리 만무했다.

이런 적자 수익 모델이 회사 내에서 계속되는 이유는 무엇일까? 바로 단기적인 이익과 장기적인 이익이 상충하기 때문이다. 대부분의 부문이나 팀의 리더들은 매출과 이익(P&L, Profit & Loss) 관리의 전문가들이다. 그리고 리더를 평가하는 궁극의 잣대는 뭐니 뭐니 해도 재무 성과이다. 그러다 보니 당장의 손익을 따지느라, 외부 환경 변화로 회사가 속한 산업과 시장에 어떤 영향이 있을지를 살피는 일이 뒷전인 경우가 적지 않다. 그만큼 매년 부여된 재무 목표를 달성하는 것이야말로 리더들에게는 지상 최대의 과제이다.

그런 탓에 현재 매출이 발생하는 비즈니스를 중단하거나 매각하는 것이 좋겠다고 보고하는 게 쉽지 않다. 대부분의 리더들은 단기 재무 성과를 중요하게 여기는 만큼 항상 현재에 충실하고자 하는 욕구를 느끼기 마련이다. 비짓의 예에서 볼 수 있듯, 회사 전체를 생각했을 때 전략적으로 도움이 되지 않는데도 무작정 비즈니스를 정상화하려고 노력하는 경우도 있다.

재무 실적에 대한 고민 외에도 이미 확보한 고객을 정리하는 문제나 담당 인력을 재배치해야 하는 부담 같은 것들도 영향을 미칠 수 있다. 한편으로는 그동안 애정을 갖고 열심히 해 온 만큼 지금 아무리 힘들어도 포기하지 않고 끝까지 해내는 것이 책임 있는 태도라고 생각하기도 한다. 이럴 때는 '중꺾마(중요한 것은 꺾이지 않는 마음)'가 오히려 독이 되기도 하는 셈이다.

리더는 항상 회사 전체를 생각해야 하고 미래를 바라봐야 한다. 지금 당장 배가 고프다고 야식을 즐기다 보면 결국 나중에 비만으로 고생하는 것과 같은 이치다. 장기적인 고려 없이 지금 당장 눈앞에 보이는 매출과 이익을 챙기기 위해 전략적으로 가치가 없는 무리한 사업을 계속하다 보면, 더 가능성이 있는 새로운 사업 기회를 놓치거나 미래에 대한 주도권을 상실할 수 있다.

바로 이 지점에서 CEO의 역할이 중요하다고 할 수 있다. 부문이나 팀 리더들의 경우 자신이 서 있는 위치에 따라 다양한 이해관계자들의 중요성을 평가하는 시각이 다를 수 있다. 하지만 CEO는 회사 전체의 상황을 명확하게 판단할 수 있는 유일한 위치에 있기 때문에, 조직 내부의 다양한 이해관계를 벗어나 고객 가치에 집중할 수 있도록 회사를 이끌어야 한다. 또 현재의 이익과 미래를 위한 투자 사이의 균형을 맞추는 역할을 해야 한다. 회사가 당면한 수익률을 유지하면서도 미래를 위해 필요한 투자를 하는 것은 CEO의 중요한 책임이며, 이러한 균형을 맞추는 것은 CEO의 중요한 역할 중 하나이다. 투자의 성과를 기반으로 회사의 장기적인 성장을 계획하고 실행하는 능력이 필요하다.

CEO로서 내가 퇴출을 결정한 사업은, 비짓처럼 상당한 비용과 인력이 투입되는데 고객 가치와 시장 경쟁력이 부족한 사업 외에도, 이익은 내고 있지만 장기적으로 지속 성장 가능성은 낮은 사업, 수익 규모와 성장 가능성에 비해 잠재 리스크가 더 큰 사업 등이었다.

모든 경우에 판단의 기준으로 삼은 것은, 장기적으로 우리가 고객에게 어떤 가치를 줄 수 있고, 고객은 그 가치에 대해 얼마만큼의 지불 의향을 가지며, 그 시장의 규모는 얼마나 되고, 우리는 경쟁사에 비해 무엇을 얼마나 잘할 수 있는가 하는 점이었다. 이 중 어느 하나라도 명쾌한 답이 나오지 않으면 지속하기 어려운 사업이라고 봐야 한다.

어떤 사업을 지속하거나 중단하는 것은 매우 어려운 문제처럼 보이지만, 실은 '기본으로 돌아가라(Back to the basic)'는 원리가 가장 잘 작동하는 단순한 문제이기도 하다. 수년 동안 문제가 있는 사업을 중단하지 못하고 지속하느라 심신이 지쳐 있던 해당 사업 담당자들은, 이후 좀 더 전략적 당위성이 있는 새로운 사업을 맡게 되면서 의욕과 활기를 되찾았다.

하버드대학 알프레드 챈들러 교수는 "전략적 사고란 지엽적이고 단기적인 목표가 아닌, 근본적이고 중장기적인 목표를 설정하는 것"이라고 말했다. 매우 단순하지만 정곡을 찌르는 말로서, 기억해 둘 만하다.

전 세계인을 고객으로 지상 최대의 파라다이스를 창조해 낸 디즈니의 성공 비결을 밝힌 책 『디즈니 유니버시티(Disney U)』에서 저자 더그 립은 많은 기업들이 성공을 지속하지 못하는 이유로, "튼튼한 가치의 기반 없이 눈앞에 보이는 것에만 집중하는 것"과 "근시안의 결정이 장기적인 결과나 성공에 미치는 영향에 대해 충분히 고려하지 않는 것"을 지적하고 있다.

물론 단기적인 이익은 쉽게 포기할 수 없는 것이다. 하지만 장기적인 관점의 수익성과 성장성 역시 늘 함께 살펴봐야 한다. 눈앞의 중간고사 성적도 중요하지만, 앞으로 대학에서 무엇을 전공할지에 따라 지금 공부할 과목이 달라지는 것과 같은 이치이다.

현장 노트

"너만 보면 눈물이 난다"

박은철 팀장 (SK엠앤서비스)

비짓이라는 신규 사업을 맡고 허덕허덕 겨우 버티던 시점에 신임 대표님께 드리는 수차례의 보고가 있었습니다. 다른 분들과 많이 다르다는 생각이 들었던 건, 대표님의 질문입니다.

"실적이 왜 이렇게 안 좋은가?", "그래서 어떻게 할 것인가?"가 아닌, "뭘 하고 싶은 건가?", "당신이 생각하는 방향은 무엇인가?"였고, 업무적인 답변이 아닌 제 진심을 말씀드렸을 때 드디어 "이제 너랑 나랑 대화가 되는구나"라고 답해 주셨습니다.

보통의 리더는 열린 커뮤니케이션을 원하지만 그 벽을 허물지 못합니다. "힘든 거 있으면 얘기해라"라고 외치지만 누군가 어렵게 꺼낸 힘듦에는 "힘들 때 얘기해라"라고 돌려보내곤 하니까요.

이후 비짓 사업을 종료하고 저 자신은 물론 함께 고생한 구성원들의 거취 등으로 힘든 시기가 지난 뒤 새롭게 맡겨 주신 사업의 기회로 자신감을 잃지 않을 수 있었습니다.

그리고 한 해가 지나 좋은 성과로 수상하는 자리에서는 "너만 보면 눈물이 난다"라고 하신 적도 있으셨죠. 그 한마디는 그냥 '축하'가 아닌 그동안의 과정과 수고를 함께한다는 의미까지 더해져 참 따뜻했습니다.

돌아보면 대표님의 다름은 '공감'이었던 것 같습니다. 흔히 쓰는 '소통', '대화'라는 표현보다 유연한. 상대가 어떤 생각을 하는지 끌어내고 기억하고 고민하게 하고, 리더의 생각을 더해 주고, 같은 곳을 바라보는.

# BPO에서 WaaS로

SK엠앤서비스에 대표이사로 취임했을 당시, 내가 받은 첫인상은 '가능성'과 '무력감'이라는 다소 상반된 느낌이었다.

우선 우리 회사의 사업은 매우 다양한 분야에서 액티브하게 전개되고 있어, 이런 다양한 사업이 하나의 큰 전략 방향 아래에서 유기적으로 연동돼 진행된다면 퀀텀 점프(Quantum Jump)를 통해 더 큰 성장이 가능하겠다는 판단이 들었다. 회사는 외부에서 바라보던 것 이상으로 많은 자산과 경쟁력을 갖고 있다는 사실을 쉽게 확인할 수 있었던 것이다. 1조 원 이상의 복지 포인트 운영 외에도 국내 1위의 보험·상조 텔레마케팅 인프라와 노하우, VAN사(부가가치 통신사업자)와 연계된 결제 관련 역량, 고객사 마케팅의 근간이 되는 e쿠폰류 사업 역량, 기업 교육 서비스 역량, 수

많은 ICT(Information and Communications Technologies, 정보 통신 기술) 개발 운영 경험과 노하우, 고객 케어 서비스 역량 등 다양한 분야에서 깜짝 놀랄 만한 역량과 경쟁력을 두루 갖추고 있었다. 그런데 이런 역량이 하나의 지향점 아래 결집되지 못하고 제각각 흩어져 시너지를 발휘하지 못하는 문제를 안고 있었다.

'무력감'이라는 첫인상은 구성원들로부터 받았다. 구성원들과 상견례를 하고 몇 차례 보고를 받는 과정에서 이상할 정도로 활력이 없다는 느낌이 들었다. 그런데 이것은 표면적인 모습이었다. 한 임원은 이렇게 말했다. "우리 구성원들의 역량이 뛰어납니다. 고객사의 신뢰가 높고 관계 형성이 잘 되어 있어, 믿고 맡겨 주시면 큰 문제 없이 잘 돌아갈 것입니다. 이전에 계시던 회사에서보다 시간은 좀 더 걸릴 수 있습니다. 그러나 믿고 기다려 주시면 주어진 목표는 다 해낼 것입니다."

구성원들에게서 활기가 느껴지지 않는 원인은, 우리가 많은 역량과 가능성을 지니고 있음에도 불구하고 구성원들 스스로 성장의 주도권을 갖지 못하고 고객의 요구와 의사결정에 절대적으로 의존해야 하는 BPO(Business Process Outsourcing) 사업을 주로 하는 데 있다는 판단이 들었다. BPO라는 '가두리'에 갇혀 열의와 열정을 제대로 발휘하지 못하고 있었던 것이다.

BPO는 회사의 비핵심 업무를 외부 업체에 맡기는 아웃소싱 방식의 사업을 말한다. 가령 구매, 총무, 인사 업무를 비롯해 테크놀로지 기반의 개발과 운영 등 다양한 업무가 BPO의 대상이 될 수 있다. 긍정적으로 보자면 외부 전문 업체에 비핵심 부문을 위탁해 효율을 추구한다고 할 수 있지만, 실제로는 저렴한 가격으로 외주업체를 활용하는 의미가 강하다. 더구나 대부분의 기업들은 시간이 갈수록 비용 효율화를 위해서 BPO 업체에게 지불하던 비용을 줄이려는 경향성을 보이는데, 이것은 심각한 문제다. BPO 업체 입장에서는, 해가 갈수록 내부 인건비는 증가하고 구성원들의 역량은 쌓여 가는데, 고객사가 지불하는 비용은 오히려 줄어드는 부조화가 발생하는 것이다. BPO 사업에만 안주하다 보면 '서든 데쓰(돌연사)'할 수도 있겠다는 위기감마저 들었다.

기업은 '영속적으로 발전'해야 한다. 오늘만을 고려하면 지금까지 해 왔던 것처럼 BPO 사업을 잘 운영하는 것이 '합리적'인 선택일 수 있다. 그러나 오늘의 이익만 보고 내일을 위한 투자에 눈 감아 버리면 안 된다고 생각했다. 주변에서 이런 말을 하는 임원 선배를 여럿 봤다. "임시직에 하루살이 목숨인데 오늘 실적이 중요하지, 한갓지게 무슨 미래를 고민하느냐?" 그런 얘길 들으면 안타까운 마음이 든다. 그렇게 수명을 연장하면 자신이야 한두 해 더 누릴 수는 있을지 모르지만, 자신에게 그 자리를 준 주주와 고객 그리고 구성원들의 내일은 어떻게 되는가? 참으로 무책임한 리더의 자세이고 태도다.

당시 나는 고객사 구성원의 인건비와 우리 회사 구성원이 인정받는 인건비 사이의 간극을 극복하기 위해서는 BPO 중심 사업 포트폴리오를 탈피하는 것이 미래를 위한 준비라고 판단했다. 인건비를 대체할 솔루션을 확보하거나, BPO의 핵심 자산들을 레버리지해서 우리 회사만의 새로운 스토리텔링을 만들기로 했다.

스토리텔링의 출발점은 내가 우리 회사에 부임하면서 받았던 첫인상, 즉 '가능성'과 '무력감'이었다. 가능성은 키우고 무력감은 없애야 했다. 각자 열심히 뛰기만 할 뿐 제각각 흩어져 제대로 시너지를 내지 못하는 역량과 가능성을 결집해 하나의 '지향점'으로 묶어서 시너지를 발휘하게 할 수 있다면 그 결과는 엄청날 것이라고 생각했다. 그 과정에서 구성원들의 잠재된 열정과 열의는 자연스럽게 끄집어낼 수 있을 것이라고 믿었다.

그렇게 탄생한 것이 'WaaS(Welfare as a Service, 와스)'다. WaaS는, 소프트웨어의 여러 기능 중 사용자가 필요로 하는 서비스만 이용할 수 있게 돕는 SaaS(Software as a Service, 사스)에서 따온 신조어다. 'as a Service'를 붙인 단어는 많이 존재하지만 복지를 접목한 것은 우리가 처음이다. WaaS라는 지향점, 즉 성장 방향을 도출하기 위해 취임 초기부터 임원들뿐 아니라 구성원들과도 계속적인 논의를 했고, 함께 뜻을 모았다. 모두가 '컨센서스(consensus)'를 이루고 '커미트먼트(commitment)'하지 않으면 공염불에 그칠 수 있기 때문에 그 과정을 매우 중시했다. 컨센서스와 커미트먼트 모두 동의를 뜻하지만, 단순한 '동의(agree)'가 아니다. 컨센서스는 서로 의논하여 뜻을 합치시키는 것이고, 커미트먼트는 적극적인 참여와 헌신을 전제로 한다.

WaaS는 '복지 포인트 운영 대행 사업'을 새로운 관점에서 재정의한 것이다. 과거의 기업 복지는 대개 콘도 같은 휴양 시설 제공, 의료비나 종합건강검진 지원, 지방 파견 근무자나 미혼 구성원을 위한 사택 운영 등 획일적이고 제한된 형태로 제공되었다. 그런데 복지에 대한 구성원들의 요구가 점차 다양해지고 세분화됨에 따라, 많은 기업들이 복지 혜택에 대한 선택권을 구성원이 갖도록 함으로써 복지를 더욱 증진시키는 방향으로 전환되어 왔다. 그 방안으로 기업들은 복지 몰을 운영해서 구성원들이 지급받은 복지 포인트로 원하는 상품·서비스를 구입하거나 이용할 수 있게 했다. 또한 운영 효율과 가치를 극대화하기 위해 복지 포인트 및 몰 운영을 외부 전문 업체에 위탁하는 것이 대세가 되었는데, 이를 '복지 포인트 운영 대행 사업'이라고 부른다.

우리는 그동안 복지 포인트 운영 대행 사업에 그쳤던 '베네피아'를 서비스형 복지 플랫폼으로 재탄생시켰다. 단순 운영 대행이 아닌 만큼 플랫폼 구축과 서비스 다변화를 위해 많은 투자가 수반되어야 했다. 내부적으로 컨센서스와 커미트먼트가 이뤄졌음에도 불구하고 초기에는 적지 않은 반발과 우려의 시선이 있었다. 그러나 이제 회사는 복지 포인트 운영 대행사가 아닌 '복지 플랫폼 전문 회사'로서 건강, 보험·상조, 본인 및 자녀 교육, 온라인 및 오프라인 쇼핑, 여행·휴양 등 다양한 삶의 영역에서 맞춤형 복지로 고객의 일상을 보다 풍요롭고 즐겁게 하는 서비스를 제공하고 있다.

가장 큰 성과는 사업을 대하는 내부 구성원들의 유전자가 달라지기 시작했다는 점이다. 특히 MZ세대 구성원들의 자존감이 높아지고 생기가 돌기 시작했음을 체감했다. BPO에서 WaaS로의 전환은 사업적으로는 업의 재정의인 동시에, 기업 문화적으로는 DNA의 탈바꿈이었던 셈이다.

나는 구성원들이 고객의 요구를 피동적으로 대행하는 사업에 머물지 않고, 우리 스스로 고객의 라이프 스타일과 욕구를 심도 깊게 분석하면서 고객 맞춤형 서비스를 제공하기 위해 주도적으로 고민하며 성장을 꿈꿀 수 있는 기반을 마련했다. 우리 회사만의 새로운 스토리텔링을 통해 사업의 가능성은 키우고 조직 문화의 무력감은 없애고 싶다는 나의 소망도 이루었다.

스티브 잡스는 "세상에서 가장 영향력 있는 사람은 스토리텔러다. 스토리텔러는 앞으로 다가올 새로운 세대의 비전과 가치와 어젠더를 설정한다"고 했다. 내가 BPO를 WaaS로 전환하는 스토리텔링을 했듯, 이제 우리 구성원들도 WaaS라는 새로운 무대에서 또 다른 멋진 스토리텔링을 해 나갈 것이다.

나는 기업에 몸담고 있는 사람은 리더든 일반 구성원이든 누구나 자기 일과 삶에 대한 스토리텔러가 될 필요가 있다고 생각한다. 세상에서 가장 영향력 있는 사람이나 회사에서 가장 영향력 있는 사람이 되기는 쉽지 않을 수 있지만, 내 일과 삶을 좀 더 영향력 있게 바꿀 수는 있지 않겠는가.

100년 달력

집무실 한쪽 벽에 100년 달력을 세워 두었다. 일본 이나식품공업 츠카코시 히로시 회장이 쓴 책 『나이테 경영, 오래 가려면 천천히 가라』에 소개된 '100년 달력'을 보고 일본 나가노현에 있는 이나식품공업을 직접 방문해서 그 달력을 구해 왔다. 말 그대로 100년간의 날짜를 한눈에 볼 수 있도록 만든 대형 달력으로, 눈에 잘 보이지 않던 약 100년쯤 되는 인생의 시간을 시각화해 주는 효과가 있다.

100년 달력 속에는 지나온 과거의 시간부터, 지금 현재, 그리고 언제가 될지 모르지만 누구나 반드시 한 번은 맞게 될 인생의 마지막 날도 들어 있다. 한정된 시간 동안 자신의 능력을 100퍼센트 활용하여 열심히 일하고 즐겁게 살라는 메시지가 담겨 있다.

신입 사원들과 대화하면서 내가 강조하는 첫 번째가 바로 '시간의 중요성'이다. 내 집무실을 방문하는 구성원들에게는 꼭 100년 달력을 보여 주며 소개하는 문구가 있다. "시간이란 소멸하는 것이다. 그러므로 시간을 낭비하는 죄는 우리에게 있다." 영국 옥스퍼드 대학의 해시계에 새겨진 문구이다. 시간의 중요성을 일깨우는 많은 문장들 중에서 유독 직설적이고 강력해서 늘 100년 달력과 함께 소개하는 편이다. 세상에서 가장 희소하면서 가장 비싼 자원, 빌릴 수도 살 수도 없는 시간을 소중히 하겠다고 다짐하게 된다.

그러나 이런 다짐이 무색하게 밤늦게까지 스마트폰으로 SNS를 들여다보거나 넷플릭스 시리즈를 섭렵하다가 날이 샐 것 같아 화들짝 놀라는 등, 시간을 낭비한 경험은 누구에게나 있을 것이다. 이렇게 말하는 나도 최근 넷플릭스 시리즈 〈원피스〉를 보느라 밤을 샐 뻔한 경험이 있다.

시간을 소중하고 가치 있게 쓰기 위해서는 무턱대고 아끼는 것 이상의 요령이 필요하다. 가령 띄엄띄엄 흩어져 있는 잠깐 잠깐의 자투리 시간들은 '양질의 시간'이 아니라서 집중력을 발휘해 좋은 성과를 내는 데 유리하지 않다. 이 점에 주목하여 피터 드러커는 그의 저서 『*The Effective Executive*』(한국어판 : 피터 드러커의 자기경영노트)에서, 성과를 올리려면 "집중할 수 있는 최소한 두 시간 이상의 연속된 덩어리 시간"을 만들라고 충고한다. 이런 시간 덩어리가 바로 성과를 내기에 좋은 '양질의 시간'이라고 할 수 있다.

실제로 일주일 동안의 스케줄을 확인해 보면 의외로 자투리 시간이나 낭비되는 시간들이 제법 많다. 이런 일정을 잘 정리해 제거하거나 통합하는 방식으로 좀 더 집중적으로 활용할 수 있는 덩어리 시간을 만들어 보기를 권한다.

복지 서비스 회사의 대표가 된 이후 모든 것을 '복지'의 관점에서 바라보는 습관이 생겼는데, 시간도 그중 하나다. 사회적으로 '워라밸'을 중시하는 분위기가 정착되어 감에 따라 '복지로서의 시간'은 더욱 중시되고 있다. 그러나 근무시간을 줄여 주고, 휴가를 많이 주는 것만이 능사는 아니다. 일보다 워라밸을 더 중시하는 것처럼 보이는 MZ 세대들도 실은 조직에서 성과를 인정받고 성장할 기회가 주어지면 맹렬하게 돌진하는 모습을 보곤 한다. 따라서 정해진 근무시간 내에 업무 생산성을 극대화하여 최대의 성과를 거두는 동시에 미래의 성장을 위해 투자할 수 있는 덩어리 시간을 만들어 주고 워라밸도 지킬 수 있도록 지원하는 것이야말로 시간 차원의 중요한 복지라고 할 수 있다.

코로나 팬데믹에서 벗어나면서 대부분의 기업들이 재택근무 위주에서 전면 출근으로 복귀했지만, 우리 회사는 재택근무를 기존처럼 유지하기로 했다. 경기도에서 출퇴근하는 구성원들이 많은 우리 회사는 대부분 출근하는 데 평균 한 시간 반 정도가 소요된다. 출퇴근을 합치면 하루에 도로에서 보내는 시간이 세 시간이다. 우리 구성원들은 맡은 바 책임을 다할 것이라는 믿음이 있었고, 팬데믹 기간에도 업무 생산성에 영향이 없음을 실적으로도 증명해 주었기에, 나는 확신을 갖고 그런 결정을 할 수 있었다. 인생에 추가로 주어지는 '세 시간'을 잘 활용해서 더 행복해지기를 바랐다.

SNS에서 본 뒤 회사 구성원들과 함께 보려고 공유한 릴스 영상이 있다. 길 가던 사람을 잡고 천만 달러를 준다면 받을 거냐고 묻는다. 길 가던 사람들은 다들 감사히 받겠다고 한다. 그런데 그 돈을 받기 위해서는 한 가지 조건이 있다. 내일 아침에 깨어나지 못하는 게 그 조건. 그래도 천만 달러를 받을 거냐고 다시 질문한다. 그 조건으로 돈을 받겠다는 사람은 아무도 없다. 그리고 진행자가 얘기한다.

"당신의 하루는 천만 달러보다 더 가치가 있는 것"이라고.

구성원들을
변화의 주인공으로 초대하다

두 번째로 CEO를 맡은 회사는 TV 데이터 홈쇼핑 회사다. 팬데믹이라는 환경 덕(?)에 홈쇼핑 산업이 때아닌 호황을 누렸다가, 엔데믹이 되자 사람들이 그동안 억눌렸던 야외 활동에 나서고 여행을 다니기 시작하면서 TV 앞에 앉아 있는 절대 시간이 급격히 감소하여 산업 전체가 힘들어진 상태라고 했다. 그룹에서는 이 회사의 실적을 회복하고 조직 문화를 혁신해 달라고 주문했다. 3년간 BPO 회사를 맡아 기업의 비전과 미션을 재설정하고 복지 서비스 회사로 포지셔닝하는 변화를 이끌어 왔는데, 그 작업을 마무리 짓지 못하는 것이 조금 아쉬웠다. 그러나 새로운 도전에 대한 기대감에 그 아쉬움은 금세 사라졌다.

명령을 받고 발령일까지 2주일 동안 가만히 앉아서 첫 출근

날을 기다릴 상황이 아니었다. 나는 CEO 부임이 최종 확정된 후, 새로 가게 될 회사의 임원들에게 문자 메시지를 보냈다. 간략한 내 소개와 잘하고 싶다는 다짐으로 메시지를 시작했다. 그리고 변화와 혁신에 조속히 착수하려면 리더들의 도움이 얼마나 절실한지 언급하면서 발령일 전에 개별 미팅을 요청했다. 그리고 임원들에게 세 가지 질문을 제시하고, 개별 미팅 시 가감 없는 얘기를 해 달라고 주문했다. 2주 후 첫 출근을 하자마자 변화를 위한 신호탄을 쏘려면, 판단 근거와 데이터를 최대한 확보해야 했다. 세 가지 질문은 다음과 같았다.

1. 여러분의 조직과 리더들을 소개해 달라. 조직의 목표와, 목표 수준을 그렇게 설정한 이유가 무엇인지, 그리고 조직 내 구성원들의 의욕 수준은 어떤지 이야기해 달라.
2. 현재 산업과 회사의 비즈니스가 좋지 않다고 들었다. 여러분이 생각하는 우리 사업의 문제점과 원인은 무엇인가? 당신이 CEO라면 그 문제들을 어떻게 풀어 갈 것인가?
3. 신임 CEO로 부임하는 나에게 제일 기대하는 것을 하나만 얘기해 보라면 무엇인가?

미팅은 개인별로 두 시간씩을 잡아 두었지만, 그보다 훨씬 많은 시간 동안 다양한 이야기가 꼬리에 꼬리를 물고 이어졌다.

하나같이 마음을 다해 회사를 걱정하며 대안을 제시했다. 덕분에 나는 미처 생각하지 못했던 회사의 문제점과 해결 방안에 관한 의견들을 듣고 이해하게 되었다. 저마다 각자 위치에서 느끼고 분석한 문제점뿐만 아니라, 나름의 해결책들도 이미 가지고 있었다. 물론 지나치게 주관적인 내용도 있었고, 자기 위치와 역할에 시야가 국한된 의견도 있었다. 그럼에도 나는 이들 각자가 내린 진단과 의견들을 통해 조직과 직원들의 문제, 비즈니스가 안고 있는 문제를 매우 빠른 시간 안에 구체적으로 파악할 수 있었다. 앞으로 어떤 방향으로 조직을 이끌어 가야 하는지, 시급히 판단하고 개선해야 할 것은 무엇인지, 하나하나 정리가 되었다.

부임 첫날 나는 회사를 위해 고언을 해 준 리더들에게 감사를 표했다. 우선 리더 모두가 이구동성으로 얘기했던 '사일로(조직의 벽)' 문제를 해결하기 위해, 분산되어 있던 사업 조직을 통합하는 조직 개편부터 단행했다. 그다음은 예정대로 전 구성원들과 소그룹 미팅을 진행했다. 리더들이 언급한 이슈들을 기반으로 구성원들의 개별적 의견들이 추가되며 상황 진단과 문제의 원인 분석이 좀 더 구체화되었다. 그 후 리더와 구성원들이 제안한 해결책들을 '타운홀 미팅'을 통해 공유했다. 그리고 각각의 계획에 대해서는 '챔피온'을 정하고 언제까지 실행할지 피드백을 요청했다.

이렇게 타운홀 미팅에서 공유한 계획은 지난 몇 년간 누적된 문제를 해결하고 사업을 빠르게 정상 궤도로 돌려놓을 마스터플랜이 되었다. 그 후 나는 매월 타운홀 미팅을 통해 일의 진척 상황과 이슈를 점검하고 개선된 숫자들을 정확하게 공유했다. 구성원들은 자신의 목소리가 리더를 통해 CEO에게 전달되었다는 사실만으로도 의욕이 생긴 것 같았다. 그 덕분에 사내 커뮤니케이션이 활성화되었으며 구성원들의 책임감과 주인의식도 높아졌다.

구성원들의 자발적이고 의욕적인 참여 속에 회사가 변화하면서 성과가 가시적으로 나타나기 시작했다. 반년이 지나기 전에 비즈니스도 정상화되었다. 이후 구성원들은 자신감을 회복했다. 회사 전체가 원팀으로 건실한 성과를 만들어 가는 선순환 사이클이 자리 잡았다. 이 과정에서 침체되고 흐트러진 조직을 열정이 충만한 조직으로 회복시킨 경험은 내게도 큰 자산이 되었다. 새로운 조직을 맡거나 큰 변화를 만들어야 할 때 어떻게 리더십을 발휘해야 하는지 다시 한 번 배울 수 있었던 소중한 시간이었다.

조직을 이끌다 보면 크고 작은 변화를 도모해야 하는 상황이 온다. 변화를 일으켜야 할 때 가장 중요한 것은 구성원들의 참여다. 변화를 위한 계획에 구성원들이 공감하고 자발적으로 동참할 때 실질적인 변화가 이루어질 수 있다. 이 과정이 없으면 구성원들은 그저 '떠밀려서' 변화를 겪는다고 느낄 것이다. 그동안 내가 여러 조직을 거치면서 성과를 낼 수 있었던 이유는 구성원들을 변화의 주인공으로 초대했기 때문이다. 나 하나를 변화시킬 때는 혼자 힘으로 가능할지도 모른다. 그러나 커다란 변화는 결코 혼자서 만들 수 없다. 함께 만들어야 한다.

현장 노트

정체된 에너지를 폭발시키다

류재영 쇼호스트

"새로운 대표님이 오신대!"
"인스타그램도 하신다고? 대표가?"
갑자기 회사 구성원들이 사이버 수사대처럼 정보를 쏟아 내기 시작했다. Nerdstory 블로그를 정독하며 그분의 생각을 분석하는 사람, 인스타그램을 팔로잉하지는 않고 몰래(?) 사진, 글, 팔로워까지 찾아 가며 수군대는 사람… 그룹사 네트워크를 통해서도 물론 많은 정보가 들어왔다. 허구까지 덧붙은 소문은 일파만파 회사에 퍼지기 시작했다.

몇 가지 정보가 정리됐다. 미술과 골프를 좋아하고 두 딸과 와이프를 사랑하는 가정적인 남편. 그리고 성격이 급하다!

사실 회사 대표의 성향을 짐작하는 데에는 크게 도움이 되지 않는 정보들이었지만, 그만큼 박정민 대표의 SK스토아 등장은 큰 이슈였다. 그도 그럴 것이 우리 회사는 창립 이래 한 번도 대표가 바뀌지 않은, 어떻게 보면 변화가 없는 정체된 조직이었다.

취임 후 불과 한 달 남짓, 그는 임원과 구성원을 두루 만나며 조직을 세밀히 들여다보았다. 그 뒤부터 회사는 눈에 띄게 달라졌다. 처음엔 모두가 당황했다. 너무 빠르고, 너무 직접적이었다. 그러나 그 속도감은 곧 추진력으로, 그리고 실적으로 이어졌다. '안정'을 지향하던 조직은 '자율과 경쟁'을 중심으로 재편되었고, 그 경쟁이 곧 회사의 성장 동력이 되었다.

홈쇼핑 업계에는 이런 말이 있다. "매출이 인격이다." 차갑고 현실적인 말이지만, 부정할 수 없는 진실이다. 박정민 대표는 그 문장을 정확히 이해하고 있었다. 성과를 낸 사람에겐 명확한 베네핏을 주는 확실한 보상 시스템은 성과를 향한 조직의 에너지를 폭발시켰다. 그리고 그 과정에서 공정한 경쟁의 긴장감을 불어넣었다. 그 결과는 자연스레 매출의 상승으로 이어졌다. 그는 '성과 중심 경영'을 차갑지 않게 실현한 리더였다.

그러나 내가 그를 존경하는 이유는 단순한 경영 능력 때문만은 아니다. 한번은 남자 쇼호스트 셋과 함께한 골프 자리에서 그를 다시 보게 되었다. 손수 준비한 다과와 칠링된 와인, 초보자의 공을 캐디보다 먼저 뛰어가 찾아 주는 세심한 배려. 그날 나는 '리더십이란 결국 태도'라는 사실을 배웠다. 그는 지시하는 사람이 아니라 몸으로 보여 주는 리더였다. 그날 난 "나도 저분과 같은 어른이 돼야지!" 하고 다짐했다.

일 년 남짓한 시간 동안 그와의 직접적인 만남은 몇 번 되지 않았지만, 그의 소통은 늘 가까이에 있었다. 그 덕분에 사람들은 대표를 두려워하기보다 존경하게 되었고, 조직은 명령이 아닌 신뢰로 움직이기 시작했다.

박정민 대표는 쉬운 리더가 아니다. 성격이 급하고, 열정이 뜨겁다. 그 열정이 때로는 주변을 숨가쁘게 만들 수도 있다. 그러나 그 모든 에너지는 결국 사람을 향해 있다. 그는 '성과를 내는 리더'이기 전에 '사람을 움직이는 리더'다. 그의 리더십은 단지 성과를 위한 채찍이 아니라, 사람의 잠재력을 깨우는 뜨거운 불씨이기 때문이다.

  이 글은 한 명의 쇼호스트이자 현장에서 그를 지켜본 동료로서 쓴 작은 기록이다. 나는 확신한다. 그의 리더십은 단순한 경영 철학이 아니라, 사람과 성과를 함께 성장시키는 따뜻한 시스템이라는 것을. 박정민 대표는 결과로 증명하는 리더이자, 그 결과에 온기를 더하는 리더다.

자율주행 너머의
철학

G90에서 테슬라 모델 Y, 이른바 '주니퍼'로 차를 바꿨다.

차가 공간을 달려가는 방식이 완전히 달라졌다. 오랫동안 몰아온 G90은 고급스러운 주행감과 정제된 기술, 그리고 무엇보다 운전자의 판단을 유연하게 받아들이는 '태도'를 가진 차였다. 고속도로에서 오토크루즈를 켜고 주행하다가 차선을 바꿔야 할 상황이 생기면, 나는 주저 없이 핸들을 살짝 돌렸다. 그러면 차는 그 움직임을 자연스럽게 받아들이고, 새 차선에서도 자율주행을 이어 갔다. 기술은 조력자였고, 나는 운전의 주체로 남아 있었다.

하지만 테슬라로 바꾼 후 처음 장거리 주행에서 느낀 감각은 전혀 달랐다. 테슬라의 '오토스티어'는 놀랍도록 매끄럽고 정확했지만, 마치 내가 아니라 차가 주도하고 있다는 느낌이 강했다.

처음엔 단지 방식의 차이려니 생각했다. 하지만 고속도로에서 차선을 바꾸기 위해 핸들을 돌린 순간, 오토스티어는 곧바로 해제됐고, 몇 번의 개입 끝에 화면에는 이렇게 떴다.

"남은 주행에는 오토스티어 사용 불가."

운전자가 아니라, 무언가 잘못해서 제지당한 학생이 된 기분이었다. 차가 나를 '가르치려 드는' 듯한 인상을 지울 수 없었다. 기술이 나를 돕는 것이 아니라, 내가 기술에게 평가받고 교정당하는 위치에 있다는 자각. 그건 단순한 기분의 문제가 아니었다. 이 차의 철학이 근본적으로 다르다는 것을 의미했다.

같은 자율주행 기능인데, 왜 이렇게 감각이 다를까? 그 질문에서 출발해 나는 각 회사의 비전과 미션, 그리고 CEO의 리더십 철학을 들여다보았다.

현대자동차는 "인류를 위한 진보"라는 미션을 중심에 둔다. 기술은 사람의 삶을 돕는 수단이며, 운전자의 판단과 개입은 언제나 존중받는다. 자율주행도 조력자로서 작동한다. 그 안에서 나는 여전히 '내가 운전하고 있다'는 확신을 가질 수 있었다.

반면 테슬라는 "지속 가능한 에너지로의 전환을 가속화한다"는 미션 아래, 기술이 인간보다 더 낫다는 전제를 깔고 있다. 일론 머스크의 리더십은 효율과 논리에 기반한 냉철한 이상주의. 자율주행 시스템은 인간의 개입을 예외로 간주하고, 시스템이 판단을 주도한다.

이 차이는 단순한 인터페이스의 문제가 아니다. 비전과 철학이 기술에 어떻게 투영되는가, 리더의 세계관이 어떻게 제품의 태도로 드러나는가를 보여 주는 생생한 사례다. 현대차는 인간과 기술이 함께 운전하는 미래를, 테슬라는 기술이 인간을 대신하는 미래를 말한다.

테슬라의 디테일은 때때로 거칠고 무례하다. 사용자 경험은 친절하지 않고 종종 불쾌할 정도로 일방적이다. 그런데 아이러니하게도, 그 건방짐조차 테슬라 철학의 일부로 느껴진다. '우리 방식이 옳으니 따라오라'는 기술 중심주의의 오만한 선언처럼 들린다. 불친절하지만 단호하다. 그래서 불편함 속에서도 일관성을 느끼게 된다.

현대차는 다르다. 배려는 세심하고 사용자 경험은 훌륭하다. 하지만 때때로 그 유연함이 철학의 밀도를 희석시키는 순간도 있다. 나를 위해 존재하는 기술이지만, 그 안에서 내가 주도하고 있다는 감각은 되려 희미해질 때도 있다.

어떤 기업 철학이 더 낫다고 평가할 수는 없다. 그것은 단지 리더가 무엇을 중요하게 생각하느냐의 반영일 뿐이다. 중요한 건 방향이 아니라, 그 방향을 얼마나 일관되게 지켜내느냐다. 그 일관성의 여부에서 결정적인 차이가 발생한다.

실제 조직에서 구성원들이 가장 주의 깊게 지켜보는 것도 바로 그 부분이다. "우리 가치를 무시하면 단기 이익이 생기는 상황이 오면 어떻게 결정할까?" 이 질문 앞에서 리더가 어떤 선택을 하느냐에 따라, 그 '가치'가 조직 전체의 기준이 될 수도, 단순한 구호로 전락할 수도 있다. '신뢰'가 핵심 가치라면, 고객의 신뢰를 다소 저버리고 돈 벌 기회가 있어도 포기해야 한다. '고객 중심'을 내세운다면, 고객의 불편을 감수하고 수익을 올리는 선택을 거부할 수 있어야 한다.

아마존은 이를 실천한 대표적인 기업이다. 고객 중심을 넘어서 '고객 집착'이라는 말까지 만들어 냈다. 심플함을 고수하는 애플 역시 복잡한 기능으로 매출을 올릴 수 있는 수많은 기회를 스스로 거부했다. 이들은 모두 같은 질문에, '가치를 지키는 방식'으로 답했다.

나 역시 그런 질문 앞에 선 적이 있다. 두 번째 회사를 경영할 때, 고객의 불편을 줄이기 위해 심야 대응 콜센터를 추가 구성하자는 제안을 마주했다. 이미 대응 업무는 외주 업체에 맡기고 있었고, 비용 효율 측면에서는 최적화된 구조였다. 하지만 야간에는 대응 인력을 최소화해 문의가 쌓이고, 받아내지 못하는 콜이 다수 발생하기 일쑤였다. 고객 입장에서는 '즉시 해결되지 않는 문제'가 곧 '무관심'으로 느껴질 수 있었다.

심야 대응팀을 추가로 운영한다는 건 당연히 비용 증가를 의미했다. 구성원 피로도와 예산 모두 한계가 명확한 상황에서 이 결정은 내부적으로도 적잖은 부담이었다. 그럼에도 나는 그 결정을 밀어붙였다. 우리가 내세운 '고객 중심'이라는 가치가 진짜라면, 이 상황에서 포기해서는 안 된다고 믿었기 때문이다.

결과는 분명했다. 고객 반응은 눈에 띄게 좋아졌고, 전환율은 오히려 높아졌다. 비용은 올라갔지만 ROI(Return on Investment, 투자수익률)는 더 좋아졌고, 매출도 뚜렷한 상승세를 보였다. 가치를 지켜 낸 선택이 결과적으로 비즈니스에도 이익이 된 것이다.

리더십은 가치를 말하는 것이 아니라 그 가치를 끝까지 실천하는 힘이다. 그리고 그 실천은 단호한 결정과 반복되는 소통, 때로는 손해를 감수하는 냉정함과 구성원들을 믿고 설득해 가는 따뜻함이 동시에 필요하다.

비전이나 미션이 무엇이든, 그것은 리더가 설정한 가치의 문제이며, 누가 더 옳고 그르다고 판단할 수는 없다. 하지만 그 가치를 얼마나 끈질기게 실천하고, 구성원들과 끝까지 함께 가느냐가 바로 리더십의 본질이다.

가치에는 언제나 가격표가 붙어 있다. 그 가격을 스스로 감당할 수 있을 때, 리더의 신념은 조직의 문화가 되고, 브랜드가 되고, 사용자 경험으로 전이된다. 결국 리더는 '말'의 사람이 아니라 '행동'의 사람이어야 한다. 그리고 그 행동이 조직을 이끌고, 경험을 바꾸며, 성과를 증명한다.

헤라클레스의 기둥을
가다

스페인 세비야 대성당에서 콜럼버스의 석관을 마주했을 때, 처음 든 인상은 무게감이었다. 네 명의 전사처럼 보이는 인물(네 명의 왕)이 그 거대한 석관을 어깨에 짊어진 채 행진하고 있었고, 무덤 하나가 이토록 상징적으로 설치된 것을 처음 보는 듯했다.

그러나 나를 진짜 멈춰 세운 건 조각상도 건축물도 아닌, 그가 넘어선 경계의 의미였다. 바로 '헤라클레스의 기둥'이라 불리던, 고대 세계의 끝.

고대 그리스인들에게 지브롤터 해협은 세상의 경계였다. 그 양쪽 바위에 새겨졌다고 전해지는 문장, "Non plus ultra(더 이상 없음)". 단지 물리적 한계를 뜻한 게 아니라, 인간 정신이 설정한 인식의 한계선이었다. 단테는 "인간이 더 이상 넘어가지 못하도록 헤라클레스가 경계선을 그어 둔 좁은 해협"이라 묘사했다. 그 너머는 공허이자 공포였고, 상상조차 금기였다.

콜럼버스는 그 금기를 깼다. 그는 지도를 믿지 않았다. 지식이 그어 놓은 선보다 자신의 확신을 믿었다. 단순한 항해자가 아니라, "Non plus ultra"라는 문명의 금언을 거부하고, 스스로 "Plus ultra(더 너머로)"를 외친 개척자였다. 그의 항해는 단지 신대륙의 발견이 아니라 인식의 지평을 확장한 정신의 혁명이었다.

그 이후 세계는 바뀌었다. 실크로드와 지중해 중심의 무역망은 대서양 해상 무역으로 대체됐고, 낙타의 행렬은 범선으로 교체되었다. 열 척 중 아홉 척이 침몰해도 남은 한 척이 모든 비용을 상쇄할 만큼, 새로운 세계는 위험을 감수할 만한 '규모의 바다'였다. 그 너머엔 공포가 아닌 번영이 기다리고 있었다.

그리고 지금, 시간은 흘렀지만 질문은 여전히 유효하다. 오늘 우리 시대의 '헤라클레스의 기둥'은 무엇인가.

"여기까지가 한계야."

"그건 우리 일이 아니야."

"이전에도 안 됐어."

우리가 쉽게 내뱉는 그 말들 속에는 여전히 그 오래된 문장이 숨어 있다. 고대에 그것은 바다의 끝이었지만, 지금은 고정관념, 관료주의, 기술에 대한 두려움, 조직의 타성처럼 모습을 바꿔 우리 앞을 가로막는다.

나 역시 그런 문장과 자주 마주했다. 두 번째로 맡은 회사는 데이터 홈쇼핑 회사였다. 라이브 홈쇼핑은 쇼호스트가 실시간으로 고객과 호흡하며 판매를 이끄는 반면, 데이터 홈쇼핑은 녹화된 방송을 통해 상품을 소개하고 주문을 받는 방식이었다. 매출 차이는 크고도 분명했다. 생방송은 연 매출이 데이터 홈쇼핑의 3~5배에 이르렀다.

부임 직후 던진 첫마디였다. "우리도 생방송처럼 해 봅시다." 돌아온 반응은 단호했다. "그건 규제 때문에 불가능합니다." 우리가 보유한 채널은 '녹화물 송출'만 허용됐고, 생방송을 하려면 별도의 인허가가 필요했다. 말 그대로 '더 이상 없음'이라는 법적 경계선이었다.

그 말을 듣고 나는 되묻기 시작했다. 정말 방법이 없는 걸까? 아니면 아직 안 해 본 것뿐일까? 그 물음 끝에 떠올린 것이 바로 'Live-like 방송'이었다. 영상은 녹화물이지만, 방송 화면 위에 실시간으로 삽입되는 정보는 규제 대상이 아니었다. 그렇다면 실시간 데이터 영역을 적극 활용하면 어떨까? 주조정실에서 고객 반응을 모니터링하며 품절 알림, 콜 푸시, 경품 추천 등을 즉시 송출했다. 마치 지금 이 순간 방송을 함께 만들어 가는 듯한 감각이 생겼고, 실제로 고객 반응과 구매 전환율은 눈에 띄게 개선되었다.

이건 단순한 편법이 아니었다. 정해진 틀 안에서 새로운 가능성을 설계한 창의적 대응이었고, 조직이 '불가능하다'고 규정한 세계 너머로 나아간 하나의 항해였다.

그 경험은 내게 다시 한 번 리더란 어떤 존재인지 되묻게 했다. 리더는 "Non plus ultra"라 새겨진 표지석 앞에서 가장 먼저 "정말 더 이상 없는 걸까?" 하고 묻는 사람이다. 콜럼버스가 그랬고, 정주영 회장이 "해 봤어?"라고 말하던 순간이 그랬다. 리더는 이미 정해진 길을 가장 잘 걷는 사람이 아니라, 아직 지도에 없는 길을 상상하고 그 항로를 먼저 내딛는 사람이다.

오늘 우리에게 필요한 리더는, 경계 앞에서 멈춰서는 사람이 아니라, "Plus ultra"를 조용히 속삭이며 다시 한 번 돛을 올리는 사람이다.

이 여행의 끝에서, 나는 그 상징의 원형이 남아 있는 지브롤터를 꼭 찾아가 볼 생각이다.

메피스토를
조직에 들여놓는 리더

독일 라이프치히에서 들렀던 식당 벽에 걸린 문장 하나가 내 눈길을 끌었다.

Ich bin der Geist, der stets verneint.

(나는 늘 부정하는 영혼이다.)

괴테의 『파우스트』에 나오는 메피스토의 대사였다.

어릴 적 읽었던 『파우스트』 속 메피스토는 명백한 악마였다. 계약을 유도하고, 유혹을 일삼고, 순수한 그레첸을 파멸로 이끄는 어둠의 화신. 파우스트를 무너뜨리는 그림자 같은 존재였다.

하지만 그날 식당에서 그 문구를 다시 마주한 순간, 전혀 다른 생각이 들었다. 과거엔 단순한 악마로만 여겼던 메피스토가 어쩌면 '레드 팀'의 화신일 수도 있겠다는 생각이 스쳤다.

그는 정말 악마였을까? 아니, 그는 오히려 파우스트의 침묵을 깨뜨리고, 무기력한 지식인의 삶에 균열을 내고, 갈망과 책임의 세계로 밀어 넣은 존재였다. 정체된 일상에 틈을 내고 변화의 문턱으로 이끈 촉매자였다. 파우스트가 구원에 이를 수 있었던 것은, 메피스토가 그의 삶을 끝까지 흔들어 주었기 때문인지도 모른다.

한동안 리더는 늘 격려하고 따뜻해야 한다고 믿었다. 하지만 현장의 수많은 결정과 충돌을 겪으며, 그 믿음이 조금씩 흔들리기 시작했다. 리더는 늘 따뜻한 존재일 필요는 없었다. 때로는 '메피스토'의 얼굴을 해야 할 때가 있다. 모두가 고개를 끄덕이는 순간, 조용히 "정말 이게 맞는가?"를 묻는 사람. 화려한 전략이 발표될 때 "혹시 우리가 본질을 피하고 있는 건 아닐까?"를 되묻는 사람. 자만에 빠진 팀을 깨우고, 안주 속에 잠든 조직을 밖으로 밀어내며, 스스로 답을 찾도록 만드는 사람. 불편함을 의도하고, 도전을 설계하며, 끝까지 흔들어 주는 존재. 바로 그런 메피스토적인 리더 말이다.

브라이스 호프먼은 『레드 팀을 만들어라(*Red Teaming*)』라는 책에서 이런 리더십을 조직 차원에서 제도화하는 방법을 소개한다. 레드 팀은 군사 전략에서 유래한 개념으로, 의사결정 과정에서

고의적으로 반대를 설계하는 구조다. 단순한 '데블스 애드버킷(devil's advocate)'과는 다르다. 레드 팀은 훈련된 시각과 시나리오로 주류 판단을 정면으로 의심하고 검증하는 역할을 한다. 무너뜨리기 위해 존재하는 것이 아니라, 조직의 전략을 더 단단하게 만들기 위한 실험자다. 리더의 맹점을 비추는 거울이기도 하다.

내가 레드 팀을 처음 마주한 것은 신임 임원이 되었을 때였다. 당시 나는 자신 있었다. 그 분야에선 실적도 분명했고, 내부뿐만 아니라 외부에서도 시장을 가장 잘 아는 사람으로 평가받고 있었다. 하지만 레드 팀은 준비한 안건을 두고 시종일관 시비를 걸었다.

"시장 전망이 너무 장밋빛 아닙니까?"

"경쟁사가 반응하기 전에 저 정도 점유율을 가져온다는 건 지나치게 낙관적이죠."

"고객들의 지불 의사(Willingness to Pay), 너무 후하게 잡은 것 같습니다."

"전체 시뮬레이션이 희망적인 가정 위에 서 있는 건 아닌지."

솔직히 말해, 나는 그들의 지적에 짜증스러운 반응을 보였다. 레드 팀의 시비는 현실을 잘 모른 채 탁상에서 던지는 말처럼 느껴졌고, 준비한 논리를 깎아내리려는 억지처럼 보였다. 회의는 예정대로 마무리됐지만, 내 표정엔 불쾌함이 그대로 남아 있었을 것이다.

그때 CEO가 내게 조용히 말했다. "레드 팀은 지금 내 수명 사항을 잘 따르고 있는 거야. 미워하지 마. 무시하지도 마. 그들을 극복해. 그걸 넘어야 시장을 설득할 수 있어."

그 순간엔 선뜻 받아들이기 어려웠다. 하지만 시간이 흐르며 그 말의 의미를 조금씩 이해하게 됐다. 레드 팀은 실패를 예측하는 사람들이 아니라, 실패에 대한 면역력을 만들어 주는 사람들이었다. 그들의 시비를 이겨 내는 과정에서 내 전략은 더 정교해졌고, 내 논리는 현실에 가까워졌다.

메피스토는 파우스트에게 해답을 주지 않았다. 대신 거울을 들이밀었다. 그 안에서 파우스트는 자신의 욕망과 한계, 희망과 죄책감을 직면해야 했다. 리더도 마찬가지다. 늘 친절하고 온화할 필요는 없다. 때로는 누군가의 성장을 위해, 조직의 생존을 위해, 메피스토처럼 불편한 질문을 던지고, 흔들고, 기다릴 줄 알아야 한다.

리더는 신이 될 수 없다. 모든 해답을 갖고 있을 수도 없다. 하지만 리더는 거울을 들이밀 줄 아는 사람이어야 한다. 안주하는 조직의 얼굴을 비추고, 스스로의 오류를 직면하게 만드는 사람. 때로는 악마처럼 불편한 존재로 남을 줄 아는 사람. 그래야만, 변화가 시작된다.

메피스토가 그랬던 것처럼.

미래 예측

오랜만에 정주행한 드라마가 있다. 〈재벌 집 막내아들〉. 대기업(순양그룹) 마름이던 주인공(송중기)이 비자금을 찾아오라는 지시를 받고 임무를 수행하기 위해 출국했다가 오너 일가 중 누군가의 지시로 죽임을 당한다. 죽은 줄 알았던 주인공은 환생해서 순양그룹의 '4-2(회장 넷째 아들의 둘째 아들을 지칭)'의 몸으로 다시 살게 되며, 자신을 마름처럼 부리다 죽인 순양그룹을 상대로 복수를 한다는 내용이다. 그것도 과거의 기억을 그대로 가진 채로.

그 기억 덕분에 "별 볼 일 없는 땅"으로 취급되던 분당지구 토지 5만 평을 증여받고, 국제통화기금(IMF) 외환위기에 대비해 달러를 확보해 막대한 환차익을 얻는다. 아직 아무도 관심을 두지 않는 아마존이나 애플의 주식을 사들이기도 하고, 미국의 도

넛 프랜차이즈를 들여오기도 한다. 드라마를 보면서 상상을 해 본 건 참 오랜만이었다. 부자 되는 상상!

'미래 예측', 이는 우리 모두가 한 번쯤 가져 봤을 욕망을 자극한다. 과거로 돌아갈 수만 있다면 재벌 집 아들은 바라지도 않는다. 비트코인과 애플 주식만 잘 사 두고, 좀 더 욕심내자면 미분양되었던 반포 아파트만 '줍줍'해 두면 될 일이다. 모든 게 참 쉽다. 미래를 미리 알 수만 있다면….

물론 드라마 속 '환생' 같은 사건은 현실에는 없다. 하지만 경영을 하다 보면 먼 미래를 상상하거나 예측해서 경영 계획을 세우게 된다. 물론 우리가 예측하는 미래는 환생한 재벌 집 막내아들과는 달리 틀리거나 빗나갈 가능성이 더 높다. 어떤 미래가 올지 안 올지 미리 아는 것도 어려운 문제지만, 그 미래가 온다면 언제 올지 예측하는 것도 주사위 놀이에 가깝다. 그래서 대부분의 리더들은 '가까운 미래'에만 몰두하여, '현재'를 기준으로 의사결정을 하고 계획을 세우는 경향이 강하다.

"어제 일어난 일을 걱정하기보다 미래를 설계하자."

스티브 잡스는 이렇게 말하며 행동으로 옮겼다. 2006년 스티브 잡스가 애플에 복귀했을 때, 애플은 실적과 주가 둘 다 바닥을 치고 있었다. 게다가 '닷컴 버블'로 IT업계 전체가 위기였으며, 수많은 경쟁 업체가 PC 생산에 뛰어들면서 애플은 경쟁력을 잃고 있었다. 그 당시 스티브 잡스는 현재가 아닌 2010년을 상상하며 체계적으로 미래를 창조했다. 당시 주력 제품이던 PC에서 돌파구를 찾는 것이 아니라, '디지털 허브'라는 새로운 지향점을 구축했다. 애플은 2000년대 초반 PC에 사용되던 마이크로 프로세서를 다양한 디지털 기기에 적용하고 이들을 통합하는 소프트웨어를 만들겠다는 전략을 세웠다. 그리고 이 같은 비전에 따라 아이팟, 아이패드 등 새로운 전자 제품과 애플 제품의 전용 소프트웨어인 아이튠즈를 개발해 '애플 생태계'를 구축하는 데 성공했다.

이처럼 먼 훗날을 상상하며 그 미래의 목표를 이루기 위해서는 지금 무엇을 해야 하는지, 미래부터 현재까지 시간을 거슬러 계획을 세우는 것을 '퓨처백(Future Back) 사고법'이라고 한다. 이것은 5~10년 후 기업이 지향하는 목표를 세우고 이를 달성하기 위해 해야 할 일들의 리스트를 미래부터 현재까지 역순으로 작성하여, 이정표를 세워 나가는 것이다. 리더가 퓨처백 시각을 갖게 되면, 과거 우리 조직을 성장시킨 성공 법칙이 미래에도 적용 가능한지 냉정한 시각으로 평가할 수 있다. 그런 리더가 있는 조직은 외부 환경 변화에 민첩하게 대응하면서, 미래에도 계속 성장하는 조직으로 살아남을 수 있다.

2004년 봄이었다. 동기들 중 마지막으로 혼인하는 친구의 결혼식이 있어서, 학교 동기들이 오랜만에 서울에 모였다. 다들 지방에서 올라온 터라 모두 내 차에 태우고 피로연 장소로 이동하던 중. 차량 거치대에 달려 있는 피처폰의 내비게이션 버튼을 누르고, 내가 "예술의전당" 하고 도착지를 짧게 말했다. "예술의전당 말씀하십니까?" 전화기에서 나온 대답 소리는 여성의 음성이었지만 기계음이 분명했다. "예"라고 내가 답하니, 피처폰을 통해 경로와 도착 시간을 안내하기 시작했다.

그때 차에 타고 있던 친구들은 모두 "와!" 하고 비명을 질렀다. 이게 된다고? 차 안은 난리가 났다. 아이폰이 국내에 도입된 것이 2010년이었다. 스마트폰이 나오기 한참 전인 2004년에 음성 인식으로 경로를 안내하는 내비게이션을 봤으니, 친구들의 놀라는 반응은 당연한 것이었다.

음성 인식이 된다고?! 그 당시 기술로는 한국어 음성 인식이 상용화 수준은 못 되었다. 현실은 이랬다. 고객이 내비게이션 버튼을 누르고 목적지를 말하면, 서버에 연결된 콜센터에서 고객의 음성을 듣고 있던 상담원이 고객의 말을 타이핑으로 입력한다. 그러면 타이핑된 글자를 TTS(Text To Speech) 기술로 기계음으로 읽어 주는 방식.

그러나 그 뒤로 어떤 일이 일어났는지 돌아보자. 스마트폰이 등장하면서 음성 인식은 20년이 채 되기도 전에 너무나도 당연한 우리 일상 속 서비스가 되어 버렸다. 불과 20여 년 전만 하더라도 음성 인식은 만화영화나 공상과학영화에 나오는 미래 기술이었다. 당시, 미래에는 음성으로 내비게이션뿐만 아니라 다양한 미디어를 실행하고 대화할 수 있는 세상이 올 것이라 상상하며, 미래 고객들의 반응을 예측하려는 시도였던 것이다. 처음엔 다들 신기해 했지만, 예상과 달리 '말로 하는 목적지 검색' 서비스는 몇 번 써 보고는 불편하다며 사용하지 않았다.

하지만 미래의 변화 방향에 대한 가설은 '일단 나아갈 방향'을 제시해 준다. 현명한 리더는 안개 속에 그냥 멈추어 있기보다 예측하고 행동으로 옮기며 고객들의 반응을 미리 점검하고 미래를 준비한다.

영국 서식스 교회 벽에 새겨진 다음 글귀를 다시 한 번 되새겨 본다. "행동 없는 비전은 단지 꿈일 뿐이고, 비전 없는 행동은 고된 일이다. 행동하는 비전이 세상의 희망이다."

현장 노트

미래를 내다보며 끊임없이 학습하는 리더

(익명)

당시는 블록체인, 비트코인, ICO(초기 코인 공개)와 같은 용어가 일부 전문가 집단을 넘어 대중에게 본격적으로 알려지기 시작한 시점이었습니다. 대부분의 사람들은 이를 새로운 고수익 투자의 대상으로만 인식했습니다. 그러나 박정민 대표의 관점은 달랐습니다. 그는 이 새로운 기술을 회사 사업에 접목하여 또 다른 성장의 기회를 창출할 수 있는 가능성에 주목했습니다.

그는 즉시 관련 기술과 시장을 연구하는 학습 조직을 신설하고, 본인 스스로 적극 참여하며 사업 기회를 모색하기 시작했습니다. 물론 당시 내부의 반응은 무관심을 넘어 냉소에 가까웠습니다. 당장 시급한 현안이 산적한 상황에서 불확실한 미래 기술에 자원을 투입하는 것에 대해 내부의 시선이 곱지만은 않았습니다.

아쉽게도 그 학습의 결과가 구체적인 사업 기회로 즉시 연결되지는 못했습니다. 하지만 항상 새로운 기술과 지식에 대한 호기심을 잃지 않고 끊임없이 학습하며 사업 기회를 모색하던 그의 모습은, 오늘까지도 저에게 리더가 나아가야 할 방향에 대한 깊은 영감과 울림을 주고 있습니다.

뒤샹의 샘에서
혁신을 배우다

런던 출장길에 테이트 모던 미술관을 찾은 건 오직 한 작품을 보기 위해서였다. 마르셀 뒤샹의 〈샘〉. 몇 년 전 국립현대미술관에서 열린 전시에서, 도슨트로부터 들었던 그의 개념미술 철학이 내게는 꽤나 큰 울림으로 남아 있었다. 이후로 〈샘〉은 단순한 예술 작품 이상의 의미가 되었다.

겉보기엔 별 볼 일 없는 남자용 소변기. 하지만 뒤샹은 그것을 거꾸로 놓고 서명 하나를 휘갈긴 뒤, "이것이 예술이다"라고 선언했다. 당시는 마티스의 야수파, 피카소의 입체파가 예술의 경계를 넓히던 시기였다. 그 와중에 뒤샹은 물리적 창작조차 없는 기성품 하나를 예술이라 주장했다. 이 도발은 예술계에 커다란 질문을 던졌다. "예술이란 무엇인가?"

당시에는 예술가가 무언가를 '직접 만들어야' 진짜 예술로 인정받던 시대였다. 그런 암묵적인 규칙에 반기를 들고, 뒤샹은 "예술은 만드는 것이 아니라 개념을 제시하는 것"이라 외쳤다. 그는 관객의 역할을 작품 창조의 일부로 끌어들였다. 예술의 해석은 예술가의 손을 떠나, 관객의 시선과 생각 안에서 완성된다고 믿었다. 그 선언은 예술을 바라보는 틀 자체를 바꿔 놓았다.

이 지점에서 나는 리더십에 대해 다시 생각하게 되었다. 리더란 무엇인가? 내가 생각하는 리더는 팀과 조직이 당연하다고 여기는 것들을 낯설게 바라보도록 만드는 사람이다. 익숙한 틀을 의심하게 만들고 새로운 관점을 제시하는 사람. 즉, 소변기를 예술로 만든 사람처럼 리더는 의미의 지평을 바꾸는 존재다. 그게 혁신의 시작이다.

비즈니스 세계도 다르지 않다. 모든 기업이 '고객 가치'를 외친다. 하지만 고객이 느끼는 가치는 시대에 따라 변한다. 변하지 않는 진실이 하나 있다면, 세상은 계속 변한다는 사실뿐이다. 고객의 마음도, 기대도, 일상도 끊임없이 변한다. 그 변화를 따라가지 못하면 기업은 망한다.

에어비앤비는 '숙박업은 건물을 소유한 사람이 하는 것'이라는 고정관념을 깨고, '공간을 공유한다'는 새로운 개념을 만들었다. 우버는 '자동차를 소유해야 이동할 수 있다'는 상식을 무너뜨리고, 오직 사용 경험에 집중했다. 이들은 새 기술을 개발한 게 아니라, 이미 존재하던 기술을 고객이 필요로 하는 방식으로 '다르게 연결'했을 뿐이다.

하버드대학의 테이셰이라 교수는 "시장 파괴의 진짜 원인은 기술이 아니라 달라진 고객이다"라고 말했다. 기존 고객이든, 새로운 고객이든, 그들이 겪고 있는 불편을 발견하는 것이 진짜 혁신의 시작이다. 혁신은 새로운 기술이 아니라 새로운 관점에서 탄생한다. 그것은 결국, 리더의 역할이다. 고객의 불편을 '가치'

로 전환할 수 있는 새로운 해석의 눈. 기술보다 중요한 건 바로 그것이다.

이런 관점에서 보면, 백남준도 예술가인 동시에 뛰어난 혁신가였다. 그는 "진실보다 중요한 건 새로운 것이며, 아름다움보다 중요한 것도 새로운 것이다"라고 말했다. 1996년 뇌졸중으로 쓰러진 후에도 그는 휠체어에 앉아 예술을 멈추지 않았다. 신문을 읽고, 기술과 예술을 연결하며, 세상 모든 것과 예술을 결합하려는 시도를 이어 갔다. 예술, 기술, 미디어, 상업… 그는 익숙한 경계를 허물고 새로운 연결을 만들어 낸 리더였다.

뒤샹이 예술의 해석을 관객에게 넘겼듯이, 리더도 조직의 방향을 직원들과 고객의 관점 안에서 재해석하게 만들어야 한다. 완성된 정답을 전달하기보다 새로운 해석의 여지를 열어 주는 것이다. 그것이 리더의 진짜 역할이다. 혁신은 거창한 변화가 아니다. 익숙한 것을 새롭게 바라보는 눈, 기존의 상식을 비틀어 보는 질문, 바로 거기서부터 시작된다.

결국 리더십이란, 소변기를 예술로 보게 하는 힘이다. 리더는 "이건 이런 것이다"라고 말하는 사람이 아니라, "이건 다른 의미가 있을 수 있지 않을까?"라고 질문을 던지는 사람이다. 그 질문 하나가 해석을 바꾸고, 가치의 정의를 바꾸며, 세상의 판을 흔든다. 혁신은 그런 리더의 관점에서 시작된다.

맥락적 공정성을
고려하라

코로나 팬데믹은 일하는 방식을 단숨에 바꿔 놓았다. 많은 조직이 재택근무 체제로 전환했고, 회사의 일상은 물리적 공간에서 디지털로 옮겨졌다. 그러나 모든 구성원이 같은 방식으로 그 변화를 겪은 것은 아니었다. 출근이 불가피한 사람들은 조용히 불만을 품고 있었다. 재택근무자는 집에서 일하지만, 자신은 매일 마스크를 쓰고 사무실에 나와야 했다. 그 감정은 공식적으로 표현되진 않았지만 조직의 공기 속에 은근히 퍼지고 있었다.

조직심리학에서는 이런 상태를 '잠재 갈등'이라고 부른다. 표면에는 아무런 충돌이 없어 보이지만, 역할 간 불균형이나 정서적 긴장감이 누적되면서 팀워크와 신뢰 기반을 서서히 침식하는 상태다. 이런 갈등은 대화나 설득으로 풀리지 않는다. 지시보다 먼저 필요한 것은 감지이고 설계이다.

  나는 사무실의 일부 공간을 과감히 재설계했다. 재택근무 덕분에 비게 된 공간. 전체 사무 공간의 6분의 1에 있던 책상과 의자를 걷어 내고, 그 자리에 카페테리아와 체력단련실(Gym)을 만들었다. 출근 인력이 굳이 외부로 나가지 않고도 식사하고 운동할 수 있도록 했다. 아침에는 무료 샌드위치를, 점심에는 50퍼센트 할인된 식사를 제공했다. 짐에는 비말 차단막과 공기청정기를 설치했고, 샤워실에는 개인 파우더룸을 마련했다. 출근하는 구성원에게는 주차장을 무료로 개방했다. 지방을 돌며 입찰을 위해 PT를 다니는 영업 구성원들에게는 KTX나 고속버스를 대신해 카니발 하이리무진을 장기 렌트해 제공했다. 이 조치들은 단순한 편의 제공이 아니라, "당신의 현실을 이해하고 있다"는 메시지를 공간과 제도를 통해 전달하려는 시도였다.

  이러한 접근은 맥락적 공정성을 고려하는 리더십에서 출발했다. 맥락적 공정성을 고려하는 리더십이란, 일률적이고 사전 설정된 규칙에만 의존하지 않고 각 상황의 특수성과 다양성에 기반해 유연하게 판단하고 의사결정하는 리더십을 의미한다. 동일한 규칙을 기계적으로 적용하는 것이 항상 공정하지는 않다는 사실을 이해하고, 개인의 여건, 업무의 복잡도, 조직 내 역할의 특수성, 사회적 흐름까지 고려해 접근함으로써 구성원이 존중받고 있다는 경험을 제공한다. 이로써 조직 내 신뢰와 몰입이 회복된다.

이는 심리적 공정성 개념과도 연결된다. 사람들은 반드시 같은 대우를 받아야만 공정하다고 느끼는 것이 아니다. 오히려 서로 다른 조건 속에서도 자신이 배려받고 있다는 인식, 그리고 그 배려가 일관된 기준과 진심에 기반한다는 확신이 있을 때, 비로소 구성원은 조직과의 정서적 유대를 회복한다. 공정성은 숫자나 균등함의 문제가 아니라, 맥락 속에서 감정적으로 수용 가능한 설계의 문제다.

그 결과, 조직은 조용히 변했다. 공식적인 캠페인이나 회의 없이도, 일하는 분위기가 사뭇 달라졌다. 출근에 대한 부담은 줄었고, 구성원 사이에는 서로에 대한 이해와 존중이 자리 잡기 시작했다. 누가 더 고생했는지를 따지기보다 서로의 위치와 수고를 받아들이는 분위기가 형성되었다.

디지털 전환기, 리더에게 요구되는 역량도 달라졌다. 단지 원격 소통 기술을 익히는 것이 아니라, 심리적 거리와 역할 간의 온도 차를 조율할 수 있는 감각이 필요해졌다. 구성원들이 물리적으로 떨어져 있더라도 신뢰와 감정적 연결을 설계할 수 있는 리더만이 지속 가능한 몰입과 성과를 이끌어 낼 수 있다. 공간은 더 이상 단순한 물리적 장소가 아니다. 리더는 공간을 통해 메시지를 전달하고, 제도를 통해 감정을 설계해야 한다. 조직은 "공정하다"는 선언보다 "공감받고 있다"는 느낌에서 더 크게 반응한다.

갈등은 반드시 표출되어야 존재하는 것이 아니다. 침묵 속의 긴장과 불균형, 바로 그것이 조직을 흔든다. 성과를 시간으로 측정할 수 없는 시대, 리더는 더 이상 감시자가 아니다. 사람들이 스스로 책임과 에너지를 발휘할 수 있는 조건을 만들어 주는 설계자, 그것이 오늘날 우리가 마주한 새로운 리더의 얼굴이며, 그 시작은 언제나 맥락적 공정성을 고려하는 데서부터 출발한다.

어떤 조건이 충족되면, 그 목표를 달성했다고 말할 수 있는가?

현장 노트

모두를 위한 최적의 리소스 배분

이석호 대표 (호잇커뮤니케이션)

"최고의 경영자는 주어진 리소스(인적, 물적)를 잘 배분하여 최대의 효과를 내는 사람이다!"라는 말에 가장 잘 어울리는 본보기가 바로 박정민 대표님이 아닌가 싶습니다.

박정민 대표님과 함께 일하며 가장 깊이 배운 것은 리소스 분배와 인재 배치에 대한 철학이었습니다. 단순히 예산을 나누는 것이 아니라, 각 팀의 목소리를 경청하고, 적재적소에 최고 적임자를 배치해 전체 조직의 성과를 이끌어 내는 경영 능력이 탁월했습니다.

특히 기억에 남는 순간이 있습니다. 티스토어 앱 마케팅 예산을 배분하던 회의였습니다. 신규 사용자 확보를 위한 온라인 광고, 기존 사용자 활성화를 위한 이벤트, 그리고 브랜드 인지도 제고를 위한 캠페인까지, 각 팀마다 명확한 근거를 가지고 예산을 요청했습니다. 한정된 예산으로는 모든 요구를 충족할 수 없는 상황이었습니다.

다른 리더였다면 일방적으로 배분하거나 정치적으로 나눴을 것입니다. 하지만 박정민 대표님은 달랐습니다. 각 팀의 제안을 하나하나 질문하며 깊이 이해하려 했고, "이번 분기 우리의 최우선 목표가 무엇인가"라는 본질적 질문으로 논의를 이끌었습니다. 또한 신규 유입과 재방문을 동시에 달성할 수 있는 혼합 전략으로 예산을 재구성했고, 각 전략을 가장 잘 수행할 수 있는 팀원들을 책임자로 세웠습니다. 어느 팀도 소외되지 않으면서 최고의 성과를 낼 수 있는 구조였습니다.

그 결과 티스토어는 목표를 크게 상회하는 성과를 거뒀습니다. 박정민 대표님께, 진정한 경영자는 숫자를 나누는 것이 아니라 사람을 이해하고 비전을 공유해야 한다는 것을 배웠습니다.

벽을 허무는
리더의 대화법

대표라는 자리는 생각보다 고요하다. 회의실에서는 모두가 나를 향해 앉아 있고, 식사 자리에서는 나를 중심으로 대화가 오가지만, 정작 그 속에는 보이지 않는 벽이 있다. 취임 후 첫 전사 타운홀 미팅을 마친 뒤 나는 그 벽이 얼마나 두터운지 실감했다. "언제든 개인 카톡으로 편하게 질문하라"고 했지만, 이후 내 휴대폰은 한 번도 울리지 않았다. 말로는 벽을 허물겠다고 했지만, 실제로는 벽 안에 홀로 앉아 있는 기분이었다. 그 벽을 깨려면 그들의 시선과 내 마음을 동시에 흔드는 무언가가 필요했다.

다음 전사 타운홀 미팅을 시작하면서 말했다.

"모두 휴대폰을 꺼내 제 사진을 찍으세요. 그리고 저한테 보내 주신 분들께 기프티콘을 드리겠습니다."

신임 대표의 돌발 발언에 직원들이 서로 눈치를 보며 웃었고, 몇 초 뒤 여기저기서 카메라 셔터 소리가 터졌다. 순간 회의장은 밝은 웅성거림으로 가득 찼다.

이 장면을 준비하기까지는 나름의 고민이 있었다. 대표라는 직함이 만들어 내는 보이지 않는 벽, 조직심리학에서 말하는 파워 디스턴스(Power Distance) 때문이다. 직위가 높아질수록 심리적 거리가 커지고, 구성원들은 불필요한 오해나 불이익을 피하기 위해 말을 아낀다. 심리적 거리가 멀어질수록 문제는 더 깊이 숨어 버린다.

그래서 그 벽을 허물기 위해 '카톡을 트는' 특단의 방법을 고안했다. 기프티콘은 구실일 뿐이었다. 내가 원한 것은 누군가의 연락이었고, 그 연락을 통해 형성되는 작은 연결 고리였다. 그날 나는 카카오톡 선물하기 한도가 다 찰 때까지 기프티콘을 보냈다. 이후 카톡은 단순한 메신저를 넘어 현장의 생생한 목소리가 오가는 소통 창구가 되었다. 방송 실적이 좋으면 MD나 쇼호스트에게 바로 기프티콘을 보내며 격려했고, 직접 대화를 나누며 개선 아이디어를 들었다.

하지만 카톡만으로는 부족했다. 이름을 밝히고도 편하게 말할 수 있는 공간이 필요했다. 그래서 사내망에 'CEO에게 묻다'라는 1:1 게시판을 만들었다. 글과 댓글은 작성자와 나만 볼 수 있는 구조다. 이 방식은 익명 제보보다 효과적이었다. 익명 형식은 솔직할 수는 있지만 구체적인 후속 대화를 이어 가기 어렵다. 반면 1:1 채널은 신뢰가 깔려 있어야 작동한다. 그 신뢰를 쌓기 위해 나는 받은 글에는 반드시 직접 답을 달고, 가능하면 빠른 시간 안에 피드백을 줬다.

여기에 작은 디테일이 힘을 보탰다. 책상 위 가족 사진, 카톡 프로필 속 강아지 사진, SNS에 올린 사소한 일상 같은 것들이다. 사람은 타인의 표정, 말투, 몸짓에서 감정을 읽어 내는 '공명' 능력을 가지고 있다. 진심이 담긴 웃음을 보면 마음이 풀리고, 억지로 웃는 사람 옆에 있으면 이유 없이 불편해지는 것도 그 때문이다. 리더가 자신의 약함이나 일상의 모습을 숨기지 않을 때, 구성원은 무의식적으로 '이 사람은 거짓이 없다'는 신호를 받는다. 그 순간 경계심이 풀리고 대화의 문이 열린다.

세월이 흘러도 변하지 않는 것이 있다. 소통의 중요한 촉매는 '궁금함'이다. 상대의 생각이 궁금해야 질문이 나오고, 그 질문이 있어야 대화가 이어진다. 귀를 기울이려면 몸을 굽히고 가까이 다가서야 한다. 경영진은 직원들의 눈높이에서, 직원들은 경영진의 눈높이에서 서로의 생각을 궁금해 할 때 비로소 소통이 살아난다. 직급이나 권위의 장벽을 허물고, 같은 온도를 느낄 수 있어야 한다. 생각의 온도 차를 줄이려는 노력, 그것이 내가 믿는 소통의 본질이다.

시간이 지나면서 작은 변화들이 보였다. 한 쇼호스트는 내 프로필 사진 속 반려견 이야기를 꺼내며 자연스럽게 다른 방송 아이디어를 제안했다. 평소 말수가 적던 MD가 카톡으로 상품 판매 데이터의 문제점을 보내왔다. 과거라면 몇 단계를 거쳐야 올라왔을 이야기들이 이제는 하루, 심지어 몇 시간 만에 내 책상 위로 올라왔다.

리더의 외로움은 사라지지 않는다. 그러나 그 외로움 속에서도 거리를 좁히기 위해 애쓰는 리더, 마음을 열기 시작한 구성원이 만들어 내는 변화는 분명 있다. 중요한 건, 그 거리를 없애는 순간 조직은 리더와 함께 숨 쉬기 시작한다는 것이다.

그리고 소통은 성과와도 맞물린다. 리더가 아무리 열린 태도를 보여도 회사가 제자리걸음이면 신뢰는 쉽게 쌓이지 않는다. 실적이 받쳐 줄 때 구성원들은 리더의 메시지를 더 진지하게 받아들인다. 나는 이를 '성과→신뢰→더 많은 소통→더 나은 성과'라는 선순환 구조로 본다. 소통이 성과를 만들고, 성과가 다시 소통을 확장시킨다.

취임 당시 적자였던 회사는 반년 만에 흑자로 돌아섰다. 경청하려는 대표와 마음을 연 직원들이 함께 만든 변화였다. 그 벽이 허물어진 자리에서 우리는 더 멀리, 더 빠르게 나아갈 수 있었다. 결국, 벽을 허문다는 것은 주파수를 맞추고 온도를 맞추는 일이다.

현장 노트

상향식 리더십

윤철진 CPO (원스토어 주식회사)

리더십을 이야기할 때 우리는 흔히 '리더가 아랫사람을 이끄는 힘'을 떠올린다. 조직의 비전을 제시하고 구성원을 움직이며 목표를 달성하도록 이끄는 '하향식 리더십'이다. 하지만 리더를 위로 떠받치는 또 다른 리더십, 즉 '상향식 리더십'이 존재한다. 이는 아랫사람이 리더를 보좌하고, 리더의 성공을 통해 조직 전체의 성장을 이끌어 내는 힘이다. 겉으로 보기엔 조용하고 눈에 띄지 않을 수 있지만, 건강한 조직력과 남다른 성과를 이끌어 내는 숨은 에너지이기도 하다.

아침에 출근하자마자 우리 팀장님은 어김없이 본부장님 방으로 직행하셨다. 물론 퇴근 전에도 마찬가지로 본부장님을 찾아 담소를 나누고 하루를 정리하셨다. 그 모습을 보며 나는 속으로 고개를 갸웃했다. '이건 뭐지? 이렇게까지 해야 하나? 나아가, 이건 아첨하는 건 아닐까?' 당시의 나는 그것이 과도한 '보여 주기식 행동'이라 여겼다.

하지만 시간이 흘러 내가 직접 팀을 이끄는 자리에 서게 되자, 그때의 장면이 전혀 다른 의미로 다가왔다. 팀장님은 단순히 상사에게 잘 보이려 했던 것이 아니었다. 상위 리더를 돕고 신뢰를 쌓기 위해 일상의 루틴 속에서 상향식 리더십을 실천하고 있었던 것이다.

리더가 된 지금, 나는 매일 수많은 결정을 내린다. 그런데 진짜 어려운 순간은 '무엇을 결정하느냐'보다 '누구와 함께 결정하느냐'에 있다. 혼자서 모든 걸 판단하는 리더는 종종 시야가 좁아지고 자신만의 논리에 갇

힌다. 그때 나를 살려 주는 건 곁에서 현장을 잘 알고 조언을 건네 주는 사람이다. 그런 사람은 단순한 부하가 아니라, 리더를 위로 이끄는 또 하나의 리더인 것이다.

당시 팀장님이 바로 그런 사람이었다. 그는 매일 아침 본부장님에게 현안을 보고하고, 퇴근 전에는 하루의 주요 이슈를 함께 정리했다. 그 과정에서 본부장님은 팀장님을 '신뢰할 수 있는 동반자'로 인식하게 되었을 것이다. 결국 그 둘 사이에 형성된 신뢰는 좌고우면하지 않고 팀 전체의 방향성을 견고하게 유지할 수 있는 원동력이 되었다.

몰입 상승의 함정을
경계하라

신규 사업 부문이 해체되면서 여성 의류 대여 콘셉트의 신규 프로젝트를 이관받았다. 이 프로젝트의 홍보 문구(Sales Talk)는 "1회 3만 원, 합리적인 가격으로, 입어 보고 싶지만 사고 싶지 않은 옷 빌리기"였다.

빌리고 싶은 옷을 앱으로 신청하면, 프리미엄급 박스에 담긴 옷이 고객에게 배송된다. 대여 기간 10일이 지나면 자동으로 반납 절차를 밟는다. 반납된 의류는 세탁을 거쳐 물류센터로 재입고되어 다음 주문을 기다리는 프로세스. "내가 원하는 예쁜 옷들은 다 대기 상태"라는 불만 댓글도 있었지만, 옷 상태가 좋고 대여 및 반납이 편하다는 평이 대부분일 정도로 고객들의 만족도는 높았다.

다만, 비용 구조가 심각했다. 사업 규모에 비해 너무 최첨단인 물류센터를 내재화하고 있었고, 세탁 및 배송 등의 외주 규모도 상당했다. 본부 단위의 인력 구조 같은 고정비용도 사업 전체에 부담을 주는 구조였다.

비즈니스 모델 구조의 핵심은 '의류의 대여 회전율'이었다. 의류 한 벌의 한 달간 회전율이 4회로 목표 고객 수가 되면, 손익분기점에 도달하도록 경영 계획이 잡혀 있었다. 지금은 적자가 크지만 목표 고객 수에 도달할 때까지만 마케팅 비용을 집행하면 그 뒤로는 수익이 나는 구조라고 했다. 추정의 핵심은 의류 한 벌의 회전율이었다. 회전율이 낮아지면 이익률도 치명적으로 낮아질 것이고, 회전율을 높일 수만 있다면 금방 흑자 달성도 가능하다.

하지만 실 데이터를 검증하지 않더라도 드러나는 '산수'의 문제가 있었는데, 아무래도 리더들이 이것을 외면한 듯했다. 고객에게 주어진 대여 기간이 10일인데, 왕복 배송과 세탁에 드는 시간을 제로라고 가정하더라도 한 달 동안 의류의 회전율은 3회를 초과할 수 없다는 '산수' 말이다. 배송과 세탁을 고려하면 의류의 회전율은 기껏해야 2.X회이다.

초기의 예측이 잘못되었다는 증거가 보이는데도 의사결정을 수정하지 않고 오히려 현실을 외면하며 끝까지 밀어붙이다가 적자 폭을 키운 셈이다. 사업의 정당성을 위해 "구매자들이 대여

한 옷을 일주일만 입고 반납할 것이다"라는 '가설'로 통계를 애써 바꾸면서 무리하게 사업을 진행한 것이다. 이른바 '몰입 상승(Escalation of Commitment)'의 함정에 빠진 것이다.

맥스 베이저만 하버드대 경영대학 교수는 '20달러 경매 게임'을 통해 몰입 상승 현상을 설명한다. 게임 방식은 단순하다. 베이저만 교수가 자신의 20달러 지폐를 경매에 부친다. 참여자들은 1달러씩 입찰 가격을 올릴 수 있고 최고액을 제시한 참여자가 자신이 베팅한 금액을 내고 20달러 지폐를 가지는 게임이다. 이 게임이 전통적인 경매와 다른 점은 두 번째로 높은 입찰 가격을 제시한 참여자도 자신이 베팅한 금액을 교수에게 지불해야 한다는 점이다. 예를 들어 A가 3달러를 제시하고 B가 4달러를 제시한 후 입찰이 끝났다면 교수는 B에게 20달러에서 4달러를 감한 16달러를 지불할 것이고, 두 번째 고액 참여자인 A는 교수에게 3달러를 내는 것이다.

베이저만 교수는 이러한 실험을 거듭한 결과, 대부분 입찰가가 12달러에서 16달러에 이를 때까지 빠르게 진행되고, 그 시점에서 상위 두 사람을 제외한 다른 사람들은 경매를 포기한다. 끝까지 남아 있는 두 입찰자들은 비로소 자신이 함정에 빠져 있음을 느끼기 시작한다.

합리적으로 봤을 때 20달러 이상 베팅하는 사람은 절대로 없을 것 같다. 하지만 일단 베팅에 참여하면 금액을 불문하고 이길 때까지 베팅하게 된다고 한다. 즉 사람들은 앞에 베팅한 것을 잃지 않기 위해서 불합리한 베팅을 계속하는 몰입 상승의 함정에 빠져들게 된다는 것이다. 재밌는 것은, 베이저만 교수가 수업에서 이 게임을 실시해 4년간 번 돈이 무려 1만 달러에 이른다는 것이다.

몰입 상승에 빠진 리더는 어느 순간부터 자신에게 유리한 정보만 찾아 해석하기 시작한다. 초기 결정이 기대와 다른 흐름을 보인다는 신호가 반복되더라도 그 의미를 축소하거나 재해석하며, 눈앞의 실패 징후를 선뜻 인정하지 않는다. 조금만 더 투자하면, 조금만 더 시간을 버티면 성과가 날 것이라는 기대가 그들을 붙잡고, 결국 주변 사람들까지 설득하며 초기 선택을 계속 밀어붙이게 만든다.

몰입 상승은 개인이나 기업, 국가를 경영할 때 항상 경계하고 효과적으로 관리해야 하는 의사결정 리스크에 해당한다. 몰입 상승의 함정에 빠지게 되는 까닭은 매우 다양한데, 몇 가지 원인을 들어 보면 다음과 같다.

첫째는 인지적 왜곡 때문이다. 실패한 결정을 정당화하려는 경향에서 비롯되는데 자신의 결정이 잘못됐음을 인정하고 싶지 않은 것이다. 해결책이 있다고 믿고 조금만 더 투자하면 상황이 나아질 것이라고 스스로 속는다. 그러다 보니 불합리한 투자가 계속되며, 왜곡 탓에 옳은 결정을 내리지 못한다.

둘째는 매몰 비용 때문이다. 매몰 비용은 이미 엎질러진 물처럼 회수할 수 없는 비용을 말한다. 의사결정을 할 때 이미 투자한 자본이 있는 경우, 사람들은 그 투자를 보호하려는 경향이 있다. 이 때문에 이미 실패한 또는 실패할 것으로 예상되는 프로젝트나 투자를 계속해서 지원하게 된다. 그동안 쏟아부은 자본을 아까워하면서 계속해 비용과 시간을 투자하는 오류를 범한다. 비용이 클수록 더 쉽게 함정에 빠진다.

셋째는 사회적 압력 때문이다. 일단 시작한 사업을 중간에 그만두지 못하는 이유 중에는 구성원들의 보이지 않는 압력이 작용한다. 특히 잘못을 인정하는 순간, 리더에게는 지지 세력의 붕괴라는 부담이 생긴다. 결국, 중간 결과가 만족스럽지 못하더라도 애초의 결정을 정당화하기 위해 더 깊이 개입하게 되는 오류를 범한다.

앞서 분석한 원인들을 보아도 알 수 있듯이, 몰입 상승의 함정에 빠지는 것을 특정한 개인의 탓으로 돌릴 수만은 없다. 조직 운영에서, 특히 경영의 세계에서 리더들은 누구라도 이런 함정의 유혹에 빠질 수 있다. 중요한 것은 리더와 구성원들이 함께, 이런 위험을 피할 수 있는 조직 문화를 만드는 것이다.

몰입 상승의 함정은 완벽하게 피할 수는 없어도 줄일 수는 있다. 「침묵이 찬성을 의미하지는 않는다」에서 언급한 것처럼, 소수의 의견이라도 환영하고 자유롭게 의견을 피력할 수 있도록 해야 한다. 또 리더는 소수의 다양한 의견을 들을 마음의 준비가 되어 있어야 한다. 두려움을 느끼지 않고 편견에 얽매이지 않고 의견을 제시하는 구성원이 있다면, 리더가 몰입 상승의 함정에 빠질 확률은 줄어들 것이다.

현장 노트

실패를 두려워하지 않는 신뢰의 리더십

(익명)

기업이 지속적인 성장을 추구하는 과정에서 새로운 사업을 개척하는 것은 필연적인 과업입니다. 그러나 규모와 무관하게 신규 사업을 시작하는 것은 그 자체로 중대한 '도전'이며, 성공 가능성 또한 지극히 낮습니다. 더욱이 상당한 규모의 투자가 수반되기에 실패에 대한 부담감 역시 클 수밖에 없습니다. 바로 이러한 지점에서 조직 리더의 진정한 자질과 역량이 명확하게 드러납니다. 즉, 새로운 사업을 어떻게 이끌어 나가는지에 따라 그 리더의 가치가 결정되는 것입니다.

약 8년 전의 일로 기억합니다. 당시 회사는 성장의 정체기를 극복하고자 부단히 노력하고 있었으며, 제가 속한 부서 역시 새로운 돌파구를 모색해야 하는 절박한 상황이었습니다. 팀원들과 깊이 있는 논의 끝에, 회사가 보유한 서비스 채널과 고객 트래픽을 활용한 모바일 광고 서비스 사업을 추진하는 것으로 의견을 모았습니다. 하지만 관련 분야의 경험과 역량이 절대적으로 부족했기에, 주변에서는 무모한 도전이라는 우려의 목소리가 높았습니다.

실제로 회사는 과거에 광고 플랫폼 사업을 운영하다가 몇 해 전 사업을 완전히 철수하고 관련 자산을 모두 외부에 매각한 전례가 있었습니다. 이러한 부정적인 과거사와 내부 역량 부재라는 현실 속에서 다시 광고 사업에 진출하겠다는 계획은 설득력을 얻기 어려웠습니다. 역량도 미흡하고 사업 계획 역시 초기 단계라 허술한 점이 많았습니다.

그러나 광고 사업 재추진에 대한 의사를 당시 본부장이었던 박정민 대표에게 어렵게 밝혔을 때 그의 반응은 매우 인상적이었습니다. 그는 사업 내용의 핵심에 대해 몇 가지를 확인한 후, 곧바로 "내가 무엇을 도와주면 되는지 정리해서 알려 달라"고 답했습니다. 이어서, 실패를 미리 두려워할 필요는 없으며 설령 실패하더라도 그 책임은 온전히 자신이 질 것이니 주저하지 말고 최선을 다해 도전하라고 격려했습니다. 또한, 시작도 하기 전에 실패를 생각하는 것은 지양해야 하며, 성공에 대한 긍정적 확신과 자신감을 가질 것을 특별히 강조했습니다.

이후 박정민 대표는 프로젝트의 진행 상황을 주기적으로 점검하였으나, 그 관심사는 세부적인 실행 방안보다는 사업이 본래의 방향성을 잃지 않고 핵심 가치에 집중하고 있는지의 여부였습니다. 그는 팀이 최대한 자율적으로 의사결정을 하고 업무를 추진하도록 권한을 위임했으며, 구성원들이 실행 과정의 어려움 속에서 의지를 잃지 않도록 동기부여와 사기 진작에 각별한 노력을 기울였습니다.

이러한 전폭적인 신뢰와 지지 덕분에 우리 팀은 목표했던 시기에 성공적으로 사업을 개시할 수 있었고, 기대를 훨씬 뛰어넘는 성과를 창출했습니다. 지금은 다른 담당자들이 해당 사업을 이끌고 있지만, 회사의 핵심적인 주력 사업 중 하나로 성장한 모습을 보며 깊은 보람을 느낍니다. 때때로 만약 박정민 대표가 아닌 다른 리더와 함께 이 일을 추진했다면 과연 어떤 결과가 있었을지 상상해 보곤 합니다. 그러나 그 결과에 대해서는 긍정적인 그림을 그리기 어렵습니다.

리더, 당신도
코칭이 필요합니다

리더십의 길은 외롭다. 직급이 높아질수록 고민은 깊어지지만, 그 깊이를 터놓을 곳은 줄어든다. 구성원에게는 말할 수 없는 부담, 가족에게는 털어놓기 어려운 피로, 동료에게는 드러내기 꺼려지는 불확실함. 어느 순간부터 리더는 자기 내면의 독백 속에서 스스로를 설득하고, 위로하고, 때로는 속이며 버텨 낸다.

그런 리더에게 가장 필요한 존재는 누구일까? 바로 코치다. 리더가 자신의 내면을 돌아볼 수 있도록 질문하고, 피드백의 사각지대를 비춰 주는 존재. 스스로 답을 찾아가도록 돕는 사람. 그것이 바로 리더 곁의 코치다.

나는 지금 대학생, 신임 팀장, 후배 임원들을 코칭하고 있다. 처음엔 전문 코치가 좋은 리더가 되기 위한 도구쯤이라고 생각했지만, 실제로 코칭을 해 보며 알게 됐다. 질문하고 경청하는 과정을 통해 현실을 함께 들여다보고, 스스로 해답을 찾도록 돕는 것이 코칭의 본질임을. 그리고 이런 경험을 할수록, 나 역시 누군가의 코칭을 받았더라면 더 좋은 리더가 될 수 있었겠다는 생각이 든다.

얼마 전, 한 후배 임원이 코칭을 요청해 왔다. 새로 맡은 조직의 매니저들이 모두 자신보다 나이가 많다는 것이었다. "뭔가 이야기하면 그들이 눈으로는 '네'라고 하지만 진심은 아닌 것 같아요." 그는 자신이 말할수록 팀원들의 표정이 닫히는 것 같다고 했다.

"그들과 어떤 관계를 가지고 싶은 거니?"

"서로 솔직하게 이야기할 수 있는 관계요. 제가 혼자 판단하지 않아도 되는…"

"자네가 원하는 그런 관계가 되고 나면, 뭐가 좋아지는 거지? 자네에게 어떤 의미가 있는 걸까?"

"그럼 제가 리더인 척하지 않아도 될 것 같아요. 그냥 같이 일하는 사람, 팀의 일부가 될 수 있을 것 같아요."

"그걸 위해 어떤 노력을 해 봤니?"

"잘 보이려고… 더 단단하게 말했던 것 같아요."

"더 단단하게 말한다는 건 어떤 의미인지 좀 더 구체적으로 설명해 줄래?"

"말투도 좀 짧고, 단호하게 말하려 했던 것 같아요. 회의 때도 설명보다는 그냥 '이렇게 하자'고 정리해 버리고요. 사실은… 제가 리더라는 걸 보여 줘야 한다는 생각이 컸던 것 같아요. 괜히 만만해 보이면 안 될 것 같고… 솔직히, 좀 두렵기도 했어요."

"자네가 원하는 그 관계를 만들기 위해 지금 할 수 있는 일은 뭐가 있을까?"

"먼저 도움을 청해 보는 거요. 선배님들의 경험을 물어보는 것도 좋을 것 같아요."

"그리고 또?"

"잘한 걸 인정해 주고, 고맙다고 말하는 거요."

"그리고 또?"

"사실… 그분들, 그냥 존중받고 싶어 하는 거겠죠. 제가 괜히 어렵게 생각했던 것 같아요."

그리고 후배 스스로 이렇게 말한다.

"처음엔 정답을 얻고 싶어서 왔는데… 제 안에 있었네요. 물어봐 주셔서 감사합니다."

코칭은 조언이 아니라 울림이고, 리더십은 명령이 아니라 관계의 설계다. 그리고 그런 관계의 출발점은 질문하고 경청하는 태도에서 시작된다.

리더는 위로 올라갈수록 고립된다. 타인의 피드백은 줄어들고 자신의 판단 기준은 강화된다. 구성원 입장에서는 '리더에게 쓴소리를 한다'는 것이 결코 쉬운 일이 아니다. 아무리 수평적이고 개방적인 문화를 갖춘 조직이라도 리더의 단점이나 오류를 정면으로 지적하는 것은 여전히 부담이 크다. 반대로 리더 입장에서도, 이미 숱한 성공과 실패를 경험한 만큼 자신만의 관점과 해석이 굳어지기 쉽다. 결국 리더의 세계는 '인의 장벽' 속으로 좁아진다.

이런 환경에서 리더가 진짜 피드백을 받기란 어렵다. 조직의 관성은 리더의 말에 고개를 끄덕이게 만들고, 리더의 자의식은 주변의 의견을 흘려보내게 만든다. 그 결과 리더는 자신이 믿는 기준 안에서만 판단하게 되고, 자신이 보지 못하는 것에 자연스럽게 둔감해진다.

그래서 코치가 필요하다. 코치는 정답을 알려 주거나 쓴소리를 하는 사람이 아니다. 코치는 거울이다. 그 거울은 리더가 외면하고 있던 감정, 반복하고 있는 행동 패턴, 그리고 말 한마디가 조직에 미치는 미묘한 영향까지 비추어 보여 준다. 리더는 그 거울을 통해 "내가 이렇게 보였구나", "내가 저 말을 했을 때 저런 감정을 느꼈겠구나"라는 '아하!'의 순간을 마주하게 된다.

그 '아하!'는 단지 깨달음에 그치지 않는다. 그 순간이 바로 리더의 변화가 시작되는 지점이다. '문제가 있다'는 지적보다 '내가 몰랐던 나'를 만나는 것이 훨씬 더 강력한 자극이 되기 때문이다. 그리고 그 변화의 물꼬를 트는 존재가 바로 코치다.

리더십은 단지 결정을 내리는 기술이 아니라 스스로를 점검하고 다듬는 과정이기도 하다. 중요한 것은, 그 과정을 혼자 할 수 없다는 사실이다. 비즈니스 경험이 풍부한 코치는 단순히 전략적 사고나 선택지 분석을 도와주는 것을 넘어, 리더가 감정의 소용돌이 속에서 중심을 잃지 않도록 회복 탄력성을 키우게 한다. 그리고 그 모든 관계는 단 하나의 전제 위에 서 있다. 리더 스스로가 코칭을 받을 준비가 되어 있어야 한다는 것.

빌 캠벨. 실리콘밸리의 전설적 리더들이 가장 신뢰한 인물이다. 애플의 스티브 잡스, 구글의 에릭 슈미트, 인튜이트의 스콧 쿡 등 수많은 CEO들의 '그림자 코치'였다. 그의 철학은 단순했다. "코칭은 준비된 사람에게만 의미가 있다."

이 말은 코칭을 받는 리더에게 주는 메시지다. 스스로 완벽하지 않음을 인정할 수 있을 때, 누군가의 질문 앞에서 멈춰 설 수 있을 때, 리더는 비로소 다시 성장할 수 있다.

코칭은 기술이 아니라 태도다. 코칭은 리더가 관계를 회복하는 방식이며, 그 첫걸음은 마음을 여는 것이다. 리더는 코칭을 통해 자신을 점검받을 줄 알아야 하며, 동시에 타인의 가능성을 끌어내는 질문을 던질 수 있어야 한다. 그렇게 코칭을 경험한 리더가 언젠가는 자신만의 방식으로 누군가의 성장을 이끄는 코치가 된다.

매년 헤드헌터와
통화하라

20년차 중소기업 대표의 하소연이다. "개발자 시장이 너무 스포일되어 버린 것 같아요. 신입 사원 뽑아서 3년쯤 가르쳐서 일 좀 하겠다 싶으면 대기업에서 연봉을 50퍼센트 이상씩 올려 주며 데려가 버리네요. 답이 없어요. 더 이상 '주인의식' 따위는 필요가 없나 봅니다."

그에 대한 내 대답. "회사에 있을 동안 밥값을 했다면, 그것만으로도 감사하셔야죠."

회사도 '한번 해병은 영원한 해병' 식의 조직을 기대하지 않는 것처럼, 구성원이 회사에 주인의식을 갖고 계속 함께해야 할 의무도 없다. 오히려 '주인의식'이란 단어는 다음 세대가 전혀 알 수도 없는 희귀 단어가 될 가능성이 높다. 구성원들이 자신의 몸값을 더 쳐 주는 곳으로 움직이는 것은 당연하다. 나는 오히려 이를 응원하는 편이다. 구성원이 늘 잠재적으로 이직할 수 있다는 생각이 회사를 더 역동적으로 만들기 때문이다.

최근 신입 사원들과 대화하면서도 이런 이야기를 맨 먼저 했다. "최소 1~2년에 한 번쯤은 헤드헌터와 통화하라." 실제로 자신이 새로운 직장을 원하든 원하지 않든, 헤드헌터는 인력 시장의 상황을 파악할 수 있는 기회를 준다는 사실을 잊어선 안 된다. 헤드헌터에게서 더 많은 정보를 알아낼 수 있도록 노력해야 한다.

내가 당부하는 헤드헌터와의 커뮤니케이션 주제는 두 가지이다. 첫째, 자신의 어떤 경력과 기술이 눈에 띄었는지, 그리고 앞으로 2년 후에 자신의 어떤 기술이나 포트폴리오가 도움이 될 것인지. 둘째, 자신의 또래(peer) 그룹들이 다른 회사에선 어떤 대우를 받고 있는지. 보너스나 옵션 같은 연봉 이외의 수당이나 복지 수준도 알아 둘 필요가 있다.

사장이 신입 사원들에게 이직을 권유하는 듯한 말을 하는 게 아이러니하게 들릴 수도 있다. 하지만 내가 정말 원하는 것은 구성원들의 성장이기 때문에 이런 이야기를 하는 것이다.

구성원이 성장하면 회사도 성장한다. 구성원은 일에 임하는 자세와 그 일을 해내는 실력을 통해 성장하며 전문성을 쌓으면 된다. 회사는 회사의 목표를 추구하면서도, 구성원들이 성장하고 있다고 스스로 확신하는 순간을 경험하도록 도와주면 된다.

요즘을 '삼요' 시대라고 부른다는 리더들의 푸념 섞인 우스갯소리가 있다. 리더가 업무 지시를 하면 구성원의 입에서는 '삼요'가 튀어나온다는 것.

"이걸요?"

"제가요?"

"왜요?"

리더들은 이런 말을 들을 때마다 MZ 구성원들에게 일 시키기가 너무 힘들다고 하소연이다. 이런 질문을 한 사람이 평소에도 업무 태도에 문제가 있는 B플레이어였다면 분명 그 뜻은 '나는 그냥 정해진 월급에 맞춰 일할 테니 시비 걸지 말라'란 의미일 것이다.

하지만 '일의 이유'를 묻는 질문 자체를 부정적으로만 볼 수는 없다. 어쩌면 이런 질문들은 '일하기 싫어서 반항하는 것'이 아니라, '갑자기 시킨 일의 앞뒤 맥락이 이해되지 않아서 궁금하다'는 뜻일 수 있다. 어린 시절부터 쉼 없이 공부하고 다양한 스펙을 쌓으며 엄청난 경쟁 속에서 자신을 증명해 조직에 입사한 MZ 세대들은 커리어 관리에 진심이다. 그만큼 일의 맥락에 대한 이해가 필요한 것이다.

그뿐만 아니라 직장을 다니면서도 자신의 능력과 가치를 높이기 위해 학생 때와 마찬가지로 공부를 열심히 한다. 최근 '샐러던트'라는 신조어가 생긴 이유이기도 하다. 샐러던트는 직장인을 의미하는 '샐러리맨'과 '스튜던트'의 합성어로 '공부하는 직장인'을 가리킨다. MZ 세대 직장인들을 대상으로 한, '경쟁력 있는 커리어를 위한 노력'에 관한 설문조사 결과를 보면, 직무 관련 공부(58.5%), 외국어 공부(44.5%), 업무 성과 만들기(34.1%) 등으로 나타난다(「2030세대 절반, "직장 '철밥통'보다 커리어 만들고 싶어"」, 『이데일리』 2020. 3. 2).

구성원이 성장하면 회사도 성장할 수밖에 없다. 구성원들이 회사에 있는 동안 창출한 성과를 회사의 목적과 가치에 부합하게 만들어, 그것을 극대화하는 것은 리더가 해야 할 역할이다. 또한 리더들은 구성원의 능력 개발을 열심히 지지하고 커리어 개발에 도움이 되는 회사를 만들어야 한다. 그런 회사라면 떠나는 사람보다 찾아오는 사람이 많아질 것이다.

현장 노트

구성원이 성장할 기회를 만들어 주는 리더

김수경 본부장 (SK엠앤서비스)

대표님을 처음 뵌 것은 2007년, 아직 피처폰이 전성기였던 시절이다. 대표님은 MBA 과정을 마치고 돌아온 직후 신규 사업을 추진하는 팀의 리더였다. 막 열리기 시작한 스마트폰 시대를 준비하며, 새로운 비즈니스 모델을 구상하고 누구보다 앞서 변화의 흐름을 탐색하고 계셨다.

그 무렵 나는 신규 소셜 서비스의 PM으로 일하고 있었고, 운 좋게도 대표님이 이끄는 바로 그 팀에 합류하게 되었다. 대표님은 내가 해야 할 일의 방향을 제시함과 동시에, 내 스스로가 가진 것보다 더 큰 '믿음'을 주셨다.

"네가 제일 잘할 수 있어."

짧은 한마디였지만 그 말이 주는 무게는 컸다. 단순한 격려가 아닌, 나에게 온전한 주인의식과 책임을 부여하는 메시지였다. 대표님은 세세하게 간섭하는 법이 없었다. 대신 방향을 명확히 제시하고 나머지는 스스로 판단하고 결정하도록 모든 권한을 위임했다. 그 덕분에 나는 스스로 생각하고 선택하며 일의 본질에 깊이 집중할 수 있었다. 리더는 구성원을 관리하는 사람이 아니라, 성장의 기회를 만들어 주는 사람이라는 것을 그때 체감했다.

대표님이 보여 준 신뢰는 나에게 가장 강력한 동기부여였다. 나는 그 믿음에 걸맞은 팔로워가 되기 위해, 내가 가진 역량 이상을 쏟아부으며 일했다.

하지만 함께 일한 시간은 길지 않았다. 대표님은 그룹의 신성장 사업 TF 리더로 자리를 옮겼고, 나는 기존 팀에 남아 준비하던 서비스를 런칭하게 되었다. 그 사이 조직은 점점 커지고 구조는 복잡해졌다. 초기의 혁신적이고 도전적이던 분위기는 서서히 사라져 갔다. 그즈음 나는 새로운 환경을 찾아야겠다는 생각을 굳히게 되었다.

이직을 결심하고 대표님께 마지막 인사를 드리러 갔다. 대표님은 내 이야기를 처음부터 끝까지 묵묵히 들어 주었다. 그리고 모든 이야기가 끝난 뒤 말씀하셨다.

"지금이 네가 더 성장할 수 있는 시기야. 여기서 너의 능력을 보여 줄 수 있는 기회를 만들어 보자."

대표님의 믿음은 내 안에 있던 아쉬움과 미련을 털어 내고 다시 한번 이곳에서 나의 역할을 다해 보고 싶다는 마음을 갖게 했다.

결국 나는 회사에 남았다. 그리고 그 선택은 내 커리어의 중요한 전환점이 되었다. 나는 남아서 신규 서비스팀을 이끄는 리더가 되었다. 대표님께 배운 '신뢰를 바탕으로 한 리더십'을 실천하며 조금씩 앞으로 나아갈 수 있었다.

그 후로 십수 년의 시간이 흘렀다. 대표님은 팀장, 본부장, 그리고 대표의 자리로 나아가며 각각의 포지션에 맞는, 점점 더 성장하는 리더십을 보여 주셨다. 나 역시 후배들에게 권한을 주고 그들이 스스로 성장할 수 있는 환경을 만드는 리더가 되기 위해 노력하고 있다.

돌이켜 보면 박정민 대표님은 나에게 '리더십이란 무엇인가'를 행동으로 보여 준 리더였다. 방향을 제시하고, 권한을 위임하며, 단단한 신뢰를 통해 구성원을 성장시키는 리더, 닮고 싶은 리더의 모습이다.

나력

윤석철 교수의 강의를 들은 적이 있다. '천시(天時), 지리(地利), 인화(人和)로 풀어 본 경영'이라는 주제 아래, 나는 '나력(裸力, naked strength)'이라는 개념을 처음 들었고, 그 정의에 깊이 감동했다.

윤 교수는 서울대학교 경영대학 명예교수로, 한국 경영학계의 원로이자 "기업 경영은 철학이어야 한다"는 소신을 일관되게 지켜 온 분이다. 그는 숫자와 성과에만 매몰되는 경영을 경계하며, 기업과 리더가 가져야 할 인간 중심의 철학과 내면의 힘에 대해 깊은 성찰을 전해 왔다. 그런 그가 말한 '나력'은 단순한 개념이 아니라, 삶과 리더십에 대한 성찰에서 비롯된 메시지였다.

나력이란 '벌거벗은 힘'으로 해석되는데, 사람이 지위나 돈, 권력 같은 물질적인 것을 다 내려놓은 뒤에도 여전히 남아 있는 내면의 힘을 뜻한다. 이 표현은 영국의 시인 알프레드 테니슨 경의 시에서 유래했다. 그의 저택 앞에는 큰 참나무 한 그루가 서 있었는데, 테니슨 경은 82세의 나이에 쓴 '참나무'라는 제목의 시를 통해 "인생을 참나무처럼 살라"고 당부했다. 그는 겨울이 되어 모든 잎을 떨군 참나무의 모습을 인생의 노년기에 비유하면서, 잎은 없어도 굳건히 서 있는 겨울 참나무처럼, 겉모습이 사라진 후에도 내면의 힘을 간직한 삶을 찬미했다. 참나무가 입고 있던 옷을 다 벗은 뒤에도 남아 있는 힘을 테니슨 경은 '벌거벗은 힘' 즉 'naked strength'라고 했고, 윤 교수는 이를 '나력(裸力)'으로 번역했다.

물러난 뒤에도 존경을 받는 정치인은 드물다. 권력이라는 무게를 내려놓은 뒤에도 국민에게 신뢰와 존경을 받는다면, 그는 '나력'을 지닌 인물이라 할 수 있다. 요즘처럼 전직 정치인이나 유명인들이 크고 작은 논란에 휘말리는 모습을 보면, 진정한 나력을 갖는 일이 얼마나 어려운지 실감하게 된다. 리더 역시 마찬가지다. 조직이라는 울타리와 지위가 사라진 후에도 동료와 후배들에게 따뜻한 기억으로 남고 진심 어린 존중을 받는다면, 그는 진정한 리더로서의 나력을 지닌 사람일 것이다.

윤 교수는 2006년 서울대 정년퇴임 고별 강연에서 이렇게 말했다. "나력은 인생을 올바르게 관리하기 위한 조건이다. 잎이 지고도 늠름한 둥치와 굳건한 가지를 가진 나무처럼 기업이나 개인도 외부에 기대지 말고 자기 고유의 힘, 즉 나력을 길러야 한다."

리더십의 출발점은 타인을 이끄는 힘이 아니라 자신을 이끄는 힘이다. '내가 왜 이 일을 하는가?' '무엇을 위해 이끌 것인가?' 리더가 되기로 결심한 순간, 우리는 타인을 관리하는 책임과 동시에 자기 자신을 관리할 책임도 떠안게 된다. 이 책임감은 누군가 외부에서 부여하는 것이 아니라, 자기 안에서 비롯되는 자기 인식과 자기 통제에서 시작된다.

어떤 이는 리더십을 '타고나는 것'이라 생각하지만, 나는 리더십은 의지를 갖고 훈련할 수 있는 능력이라고 믿는다. 자신이 어떤 가치를 중요하게 여기는지, 무엇을 성취하고 싶은지 분명히 말할 수 있는 사람만이 타인을 설득할 수 있다. 그래서 리더십의 시작은 기술이 아니라 태도다. 그리고 그 태도는 자기 안에 있는 '움직이는 힘', 즉 나력에서 비롯된다.

피터 드러커는 『경영의 실제(The Practice of Management)』에서 "리더는 타인에게 무엇을 시키는 사람이 아니라 스스로를 설득하고 방향을 잡아 가는 사람이다"라고 말했다. 스스로를 먼저 설득할 수 있어야, 남도 설득할 수 있다. 리더십의 첫걸음은 결국 자기 안의 리더와 마주 서는 것이다.

지위나 역할이라는 외적 힘이 사라진 순간에도 여전히 사람들의 신뢰를 얻고 따뜻한 기억으로 남는 사람, 그런 리더에게는 말로 설명하기 힘든 깊은 힘이 있다. 그게 바로 '나력'이다. 그리고 우리가 리더로서 매일 조금씩 쌓아 가야 할 진짜 자산이기도 하다.

> 현장 노트

이 사람을 왜 따를까?

이승수 본부장 (SK엠앤서비스)

2020년 12월 중순 신임 대표가 오신다. 업무상 처음으로 모셔야 하는 분이다. 내가 들은 신임 대표에 대한 이야기들은 "한번 찍히면 되돌리기가 쉽지 않으니 다들 조심하라"는 식의 부정적 의견이 대부분이었다. 앞으로의 회사 생활이 순탄치 않을 거라는 어두운 기운이 몰려들면서 걱정이 앞섰다.

얼마 지나지 않아 모 회사 대표에게 보고하는 일정이 잡혔다. 당연히 나도 배석을 해야 했으나, 하필 그날 둘째 녀석의 대학입시 면접 라이더가 필요했고, 지망한 학교가 지방에 있어 휴가까지 내 놓은 상황이었다. 신임 대표께 새벽에 출발해서 오전 중으로 다시 회사로 복귀하겠다고 말씀드렸다. 대표는, 아버지의 역할은 안전하게 학교까지 이동하는 것인데 시간에 쫓기다 보면 안전 운전에 문제가 있다며, 대리 기사를 지원해 줄 테니 아이와 아내가 편하게 다녀오도록 하는 방안을 제안해 주셨다. 회사 일과 가정사 모두를 해결해 보자는 제안에, 나는 속으로 '이게 뭐지? 내게 왜 이런 호의를…' 하고 의아하면서도, 한편으로 너무 다행이라는 생각이 밀려왔다. 물론 당일 회사에서 보고도 잘 이루어졌고, 아이도 면접을 무사히 잘 치러 집에서도 가족들에게 체면을 세울 수 있었다.

회사 생활 25년차에 이런 대접을 해 준 분은 처음이었다. 내가 들었던 소문과는 많이 다른 첫 경험. 나로서는 회사와 가정 모두 중요하고도 곤란한 상황에서, 아주 새로운 솔루션을 제시하고 해결해 주신 것이다. 그 모습을 보면서 자기와 함께하는 동료이면서 사람으로 대하는 리더의 진정성을 느낄 수 있었다.

이후 또 하나의 색다른 상황을 보게 되었다. 여러 신임 대표님을 모셔 봤지만 후배들이 찾아오는 경우를 본 적이 거의 없었다. 근데 이상한 일이 자꾸 일어났다. 우리 회사로 오신 첫해부터 매년 명절 때나 특정한 날 삼삼오오 어린 친구들이 신임 대표를 잇따라 찾아오는 것이었다. 대표께 여쭤 보니 본인이 팀장, 본부장, 부문장 시절에 함께 일한 후배들이라고 하신다. 나는 대뜸 "어떻게 해 주셨길래 찾아오는 걸까요?"라고 물었고, 대표께서는 "글쎄… 너도 나와 일하면서 좀 지나면 알게 되지 않을까… 그리고 너도 찾아올걸."

나는 속으로 '설마…' 했다. 그리고 3년 후 2024년, SK스토아 대표이사 사무실에 내가 와 있다. 앞에는 대표님이 계시고. 나도 팬을 자처하는 그 후배들 중 하나가 되어 있었던 것이다.

3년을 함께하면서 이분이 보여 주신 것은 '약속한 것은 꼭 실천한다'는 태도, 그리고 솔직함과 진정성, 마지막으로 강한 비전 제시를 통한 조직 장악력인 것 같다. 한마디로 '카리스마적 리더십'을 보여 주신 것이 아닐까 생각한다. 나도 조금이나마 따라해 보려고 노력하는 중이다.

에필로그

마지막 홀의 '나이스샷'처럼

골프 경기는 18개의 홀로 구성된다. 18번 홀은 대개 페어웨이가 넓고 시야가 탁 트여 있다. 이미 승부는 끝났고, 동반자에게 보여 줄 실력도 다 보여 준 시점이다. 그래서 마음이 편하다. 그 편안함 속에서 오히려 가장 멋진 샷이 나온다. 사람들은 그 샷을 "또 오세요 샷(I will be back shot)"이라고 부른다.

돌아보면 인생도, 리더십도 이와 다르지 않다. 우리는 대체로 실수와 부족했던 순간보다 마음껏 휘둘러 나이스샷이 되었던 장면을 더 오래 기억한다. 멋진 포물선을 그리며 날아갔던 드라이버샷, 5미터짜리 롱퍼팅, 핀에 딱 붙는 어프로치샷, 동반자 네 명이 모두 핀 가까이 붙였던 파 3홀 등등. 그 한 번의 좋은 기억이 다시 연습장으로, 다시 새로운 라운드로 우리를 불러낸다.

리더십 역시 완벽할 수는 없다. 때로는 잘못된 판단을 하고,

때로는 구성원의 마음을 미처 읽지 못한다. 그러나 중요한 건 완벽함이 아니라 다시 시도하려는 마음이다. 매일의 대화와 판단, 결정을 통해 우리는 조금씩 더 나은 리더로 자라난다. 오늘의 실수가 내일의 통찰이 되고, 한 번의 진심 어린 대화가 평생의 신뢰로 이어지기도 한다.

리더십은 리더 자신과 구성원, 그리고 상황이 만들어 내는 함수다. 따라서 단 하나의 정답은 없다. 다만 "지금보다 더 나은 리더가 되겠다"는 마음만은 언제나 변수가 아니라 상수로 남는다. 결국 리더십의 본질은 완성이 아니라 진행형이다.

골프를 치는 사람이라면 누구나 마지막 홀의 굿샷을 꿈꾼다. 리더에게도 그런 순간이 있다. 한 사람의 마음을 움직였던 말, 팀이 스스로 움직이기 시작한 날, 그리고 나 없이도 조직이 굴러가는 것을 보며 미소 짓는 순간. 그때 우리는 비로소 안다. 리더십은 타고나는 것이 아니라, 매일의 선택과 대화 속에서 길러지는 살아 있는 기술이라는 것을.

오늘 당신의 18번 홀에서 나온 그 한 번의 나이스샷이, 내일 또다시 당신을 그린 위로 불러낼 것이다.

그 기억으로 더 나은 내일을 시작하자.

타고난 리더는 아니지만
조직의 성장과 구성원의 행복을 위한 공감의 리더십

초판 1쇄 발행	2025년 12월 18일
지은이	박정민
펴낸이	오은지
책임편집	변홍철
편집	오은지
디자인	김은영
펴낸곳	도서출판 한티재
등록	2010년 4월 12일 제2010-000010호
주소	42087 대구시 수성구 달구벌대로 492길 15
전화	053-743-8368
팩스	053-743-8367
전자우편	hantibooks@gmail.com
블로그	blog.naver.com/hanti_books
한티재 온라인 책창고	hantijae-bookstore.com

ⓒ 박정민 2025
ISBN 979-11-92455-81-5 03320

이 책 내용의 일부 또는 전부를 이용하려면 저작권자와 한티재 양측의 동의를 받아야 합니다.
책값은 뒤표지에 있습니다.